本書の主人公！

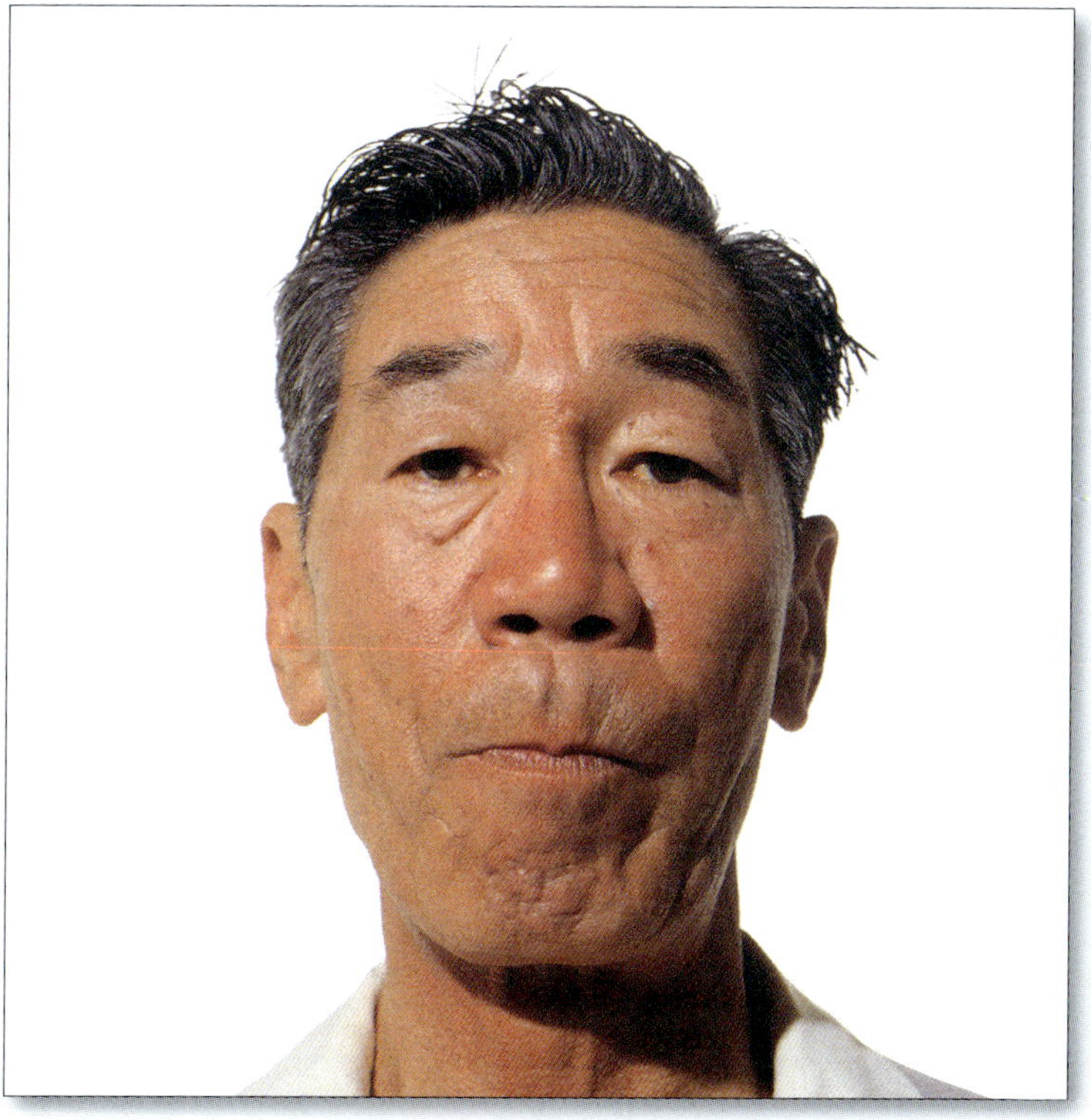

1989年6月1日にリリースされた、ユニコーンにとっての3rdアルバム。本書の主人公である。ジャケット写真に大写しとなっている男性は、とび職人の中村福太郎氏。アルバム・タイトルもアーティスト名の記載もないこのジャケットは当時大きな話題を呼んだ。

ファンクラブ会報 No.0
1988 OCT to DEC

ファンクラブ会報準備号であるNo.0。メンバーの音楽ルーツを探るインタビューで、奥田民生は「(次の3枚目のアルバムは) ビートルズの『ホワイト・アルバム (原題：THE BEATLES)』的なものになるだろう」と語っている。手島は「今の満足度を20%」、「27歳や40歳の人に聴いてもらうのが課題」としている。EBIは「自分たちの置かれている状況にギャップを感じています。ミーハー的な扱いを受けたり……」と戸惑い、川西は「今キャラクター先行みたいに言われてるけど、それって無視しちゃっていいと……」と強気な姿勢を見せている。新加入のABEDONはなんと「3rdアルバムは、自分では音をいっぱい入れるのはなしにしようと思ってるんですよ」と……。それぞれの思惑を乗せて『服部』制作へ向かう前夜というのが興味深い。お持ちの方はぜひ全文を読み直してほしい。

ファンクラブ会報 No.1
1989 JAN to MAR

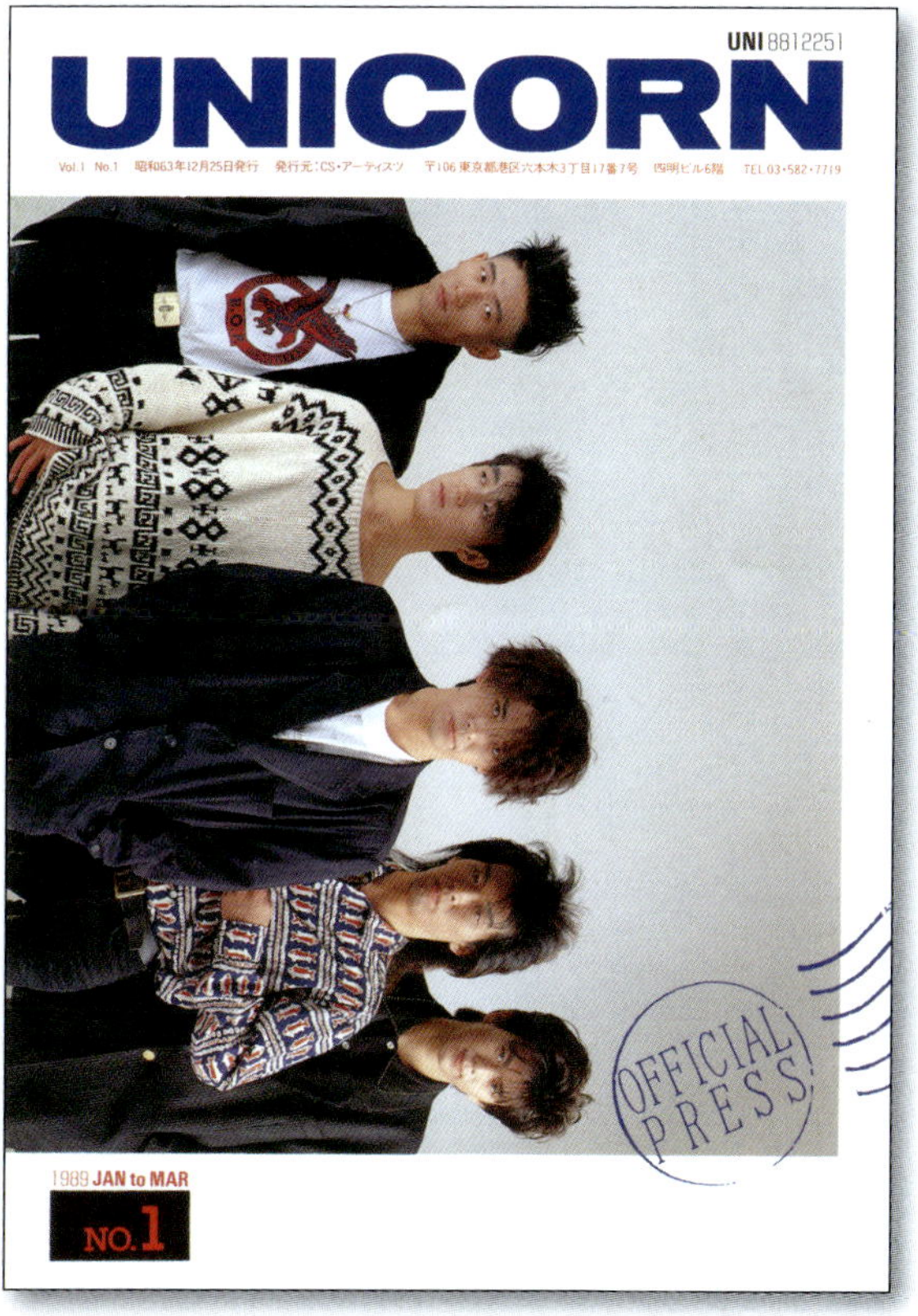

FC会報のNo.1には、『PANIC ATTACK』ツアー終盤の88年12月に行なわれたメンバー全員によるインタビューを掲載している。興味深いのは、シングルのリリースがいまだにないことを語る部分。民生は「周りの状況を見て、タテノリの曲は絶対に出したくない。タテノリの曲出して、売れて、当たり前っていうのはイヤだし、もしファンがそれを待ってたとしたら、よけいに出したくないしね」と語っている。結果的に1stシングルになった「大迷惑」はタテノリの曲ではあるが、当時の他のバンドのような曲ではまったくない。

ファンクラブ会報 No.2
1989 APR to JUN

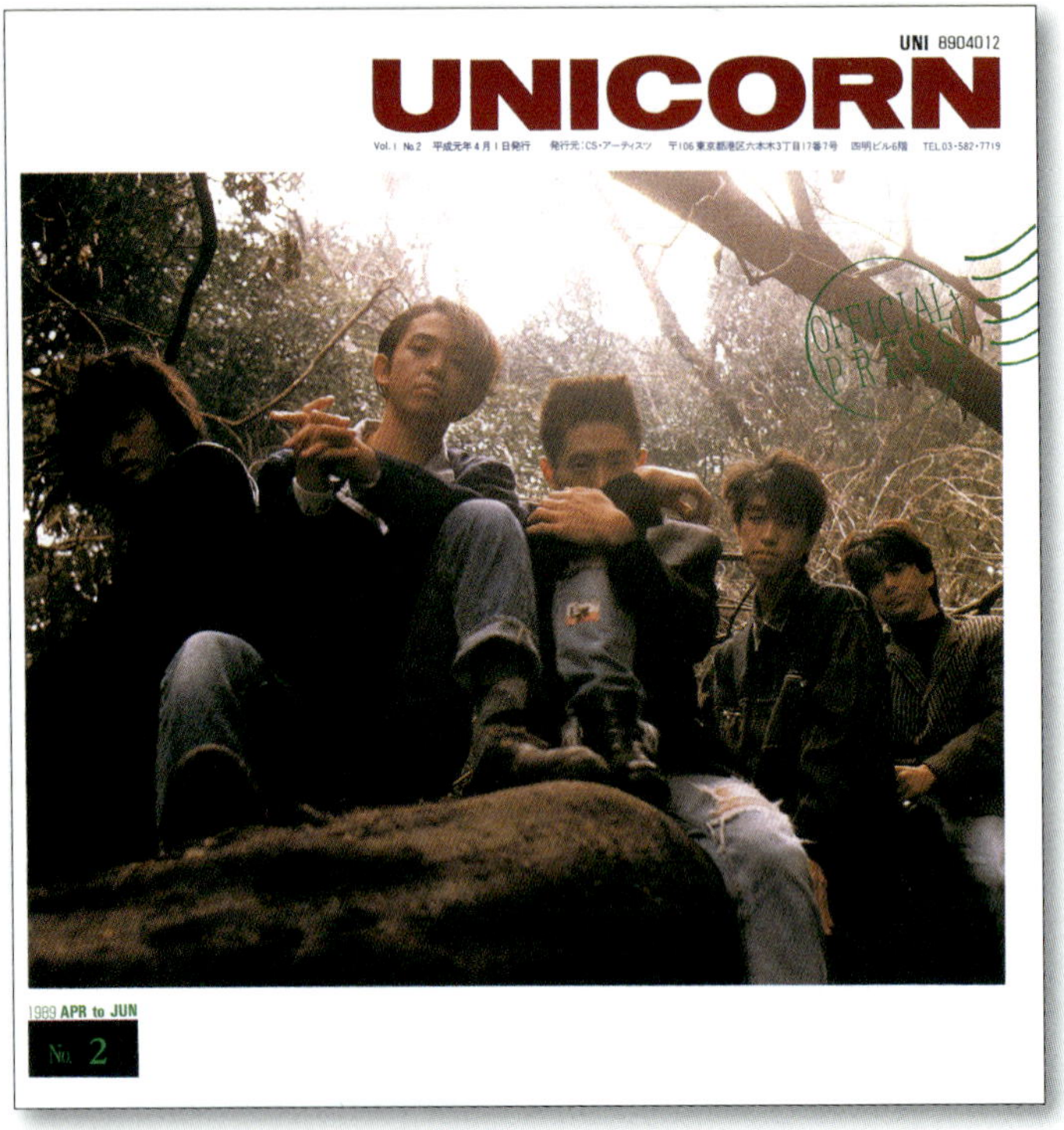

FC会報No.2にも巻頭メンバー全員インタビューが掲載されており、『服部』のレコーディングの話題が中心となっている。後半に“ポップとは何か？”という質問に各自が答えているのだが、民生の回答が実にユニコーンを的確に表現している。「究極の1曲を目指してるわけじゃなくて、1曲の究極を目指してるわけだし、新しいこともやってるし、まとまりがないわけだから、（自分たちは）ポップだということになるかな。それはいい音楽って言い換えてもいいと思うけどね」。ちなみに表紙は2月21日、レコーディングしていた観音崎マリンスタジオの近くで撮影されたようだ。「ぺケぺケ」MVの撮影レポートも詳細に記されている。

ファンクラブ会報 No.3
1989 AUG to SEP

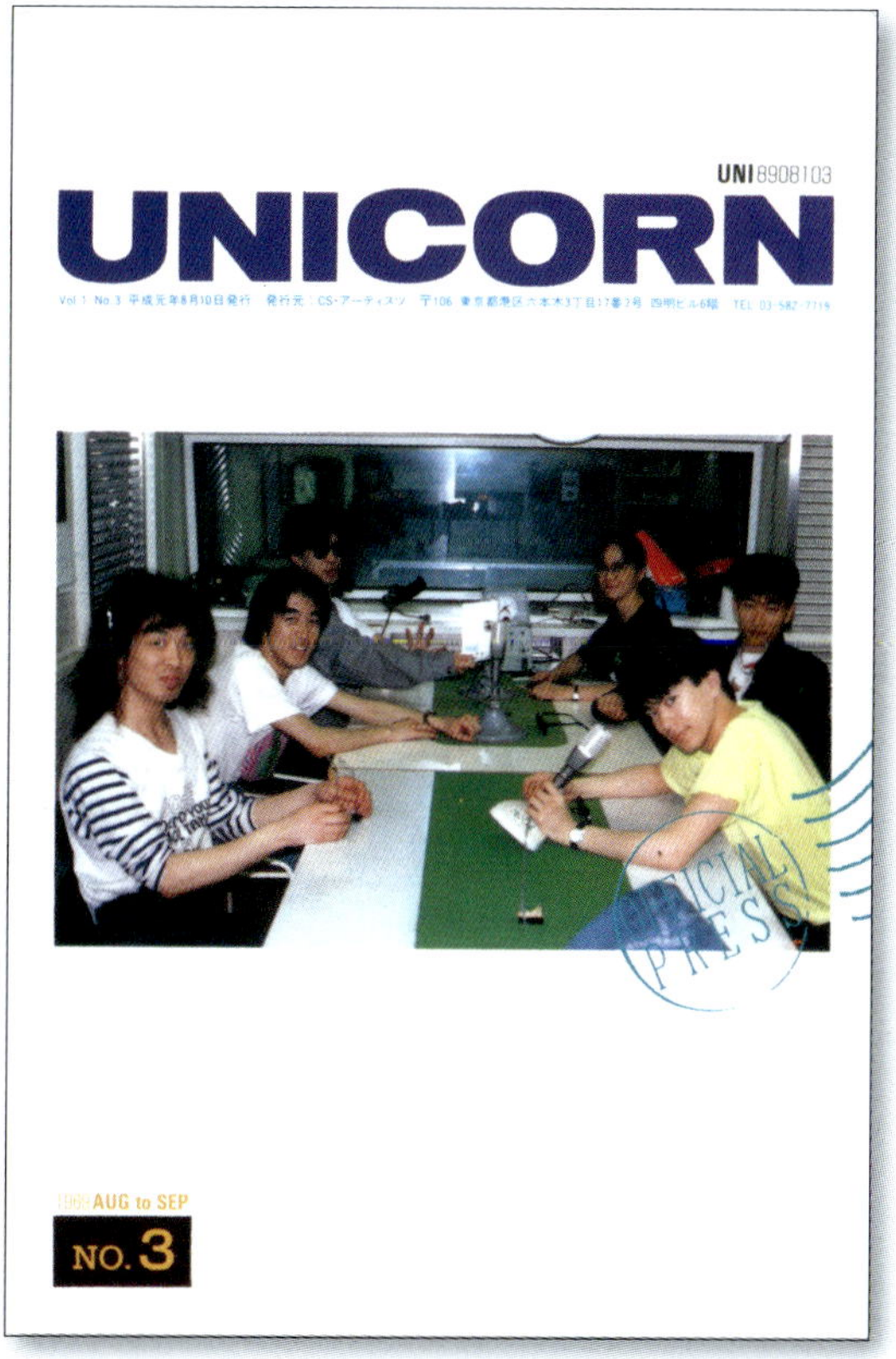

FC 会報 No.3。判型も小振りとなり（No.0 と No.1 は同サイズ、No.2 は正方形でサイズも大きい）、ページ数も絞られたものとなっている。メンバーそれぞれがハガキ大のスペースに近況や、思うところをフリーに書いているというシュールな作り。ABEDON はホテルで深夜に執筆していて、外に集まっている女の子たちの心配をし、民生は大きな文字で「休みくれくれくれくれくれくれ」と記すなど、当時のユニコーンを取り巻く尋常ではない忙しさをうかがい知ることができる。編集後記には原田マネージャーが、「1 月 31 日の人事異動以来、休みが 1 日（しかも風邪で）だった」ことを嘆いている。

伝説のマネージャー

1989年1月31日人事異動により、ユニコーンのチーフ・マネージャーになった原田公一氏。彼のバイタリティと情熱によって、バンドは『服部』制作へと突き進むことになる。(2019年撮影)

(第4章　原田公一マネージャー、登場)参照

プロモーション計画表

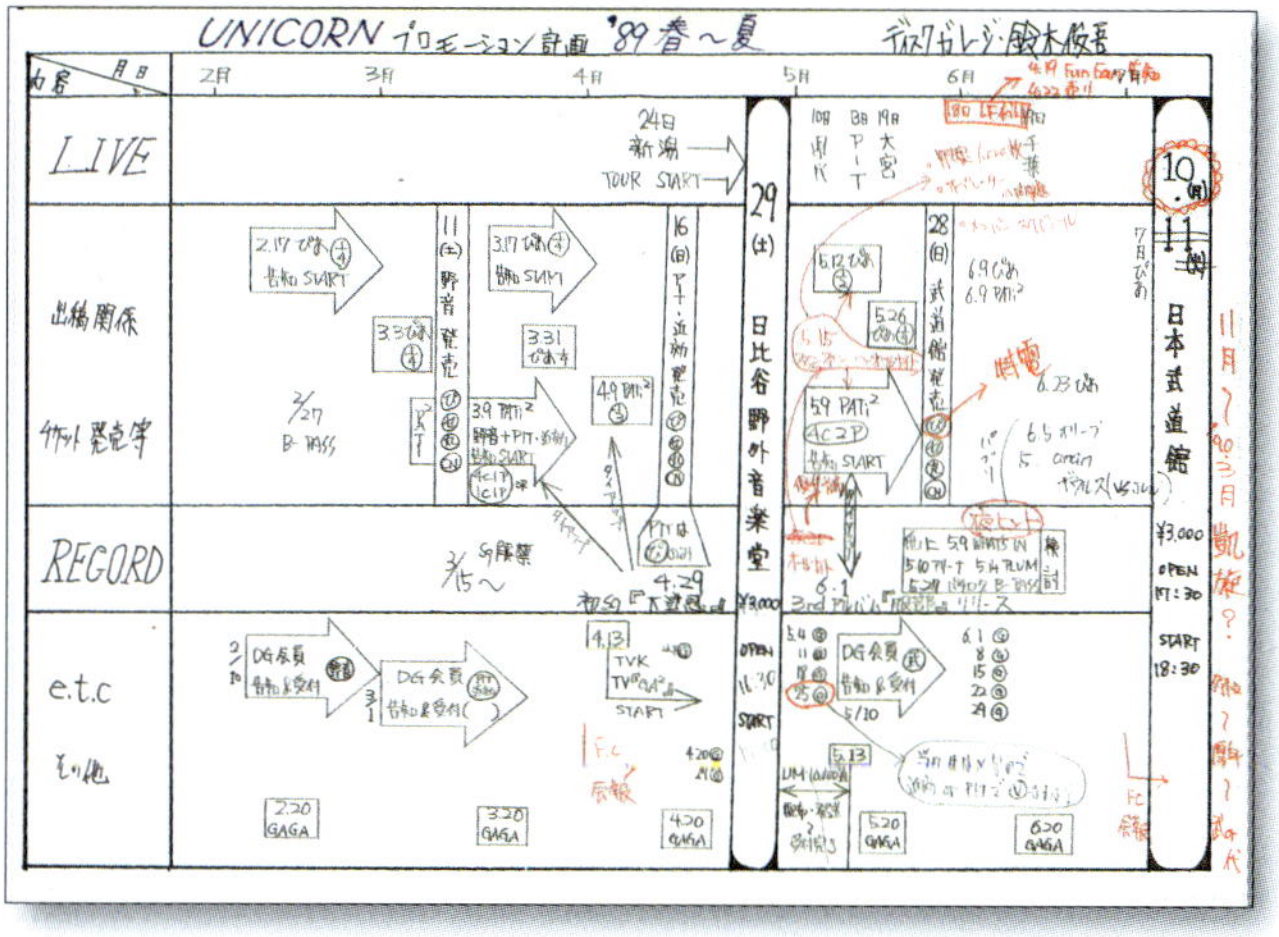

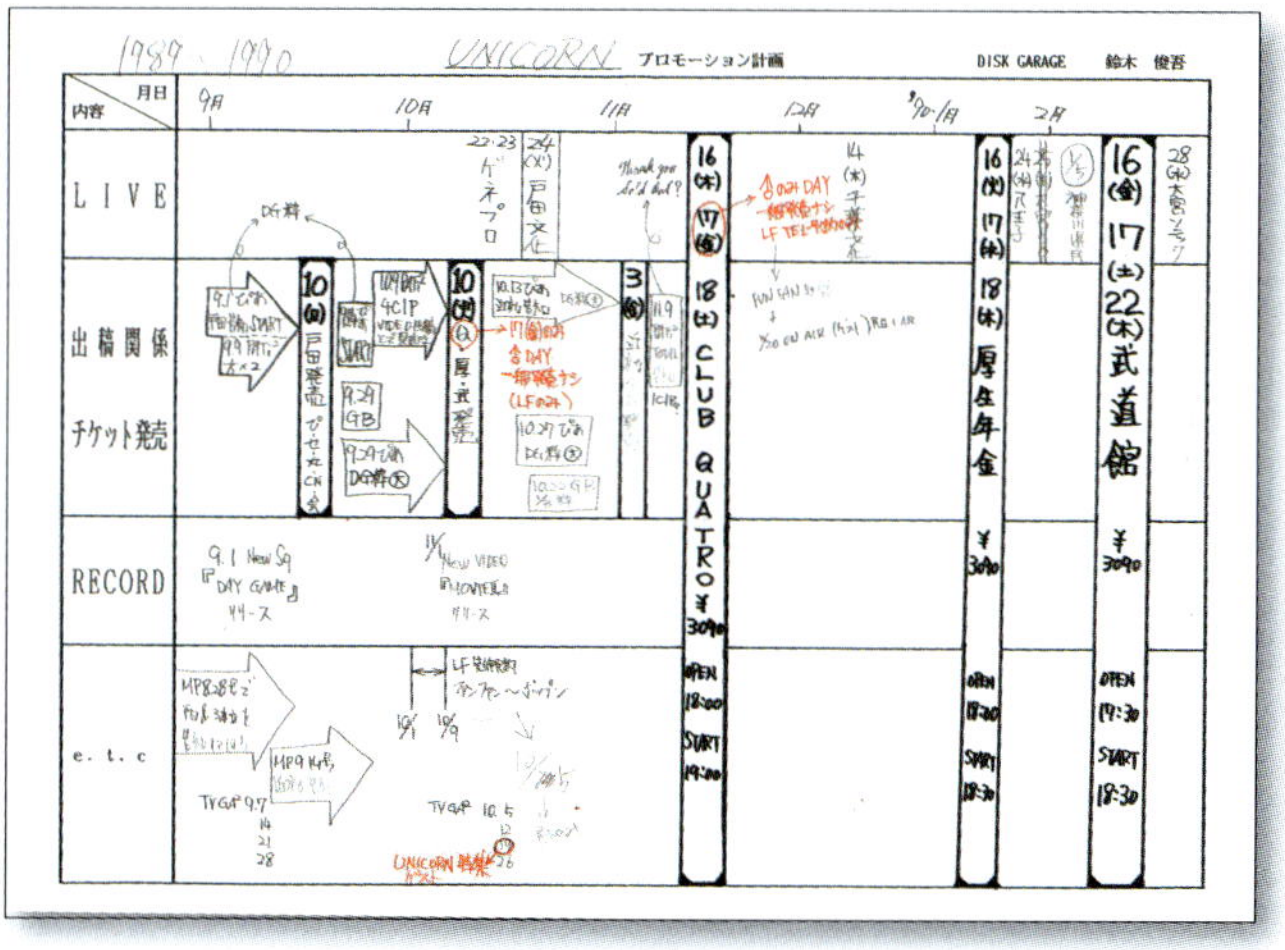

ディスクガレージ鈴木俊吾氏による、『服部』リリースを挟んだ1989年〜1990年のプロモーション計画表。

（第6章『服部』のプロモーションとツアー）参照

資料提供:ディスクガレージ鈴木俊吾氏

地元の大キャンペーン

UNICORN大迷惑Fair

◎このイベントは6月13日にCSG広島営業所を核として広島市中心部を舞台に繰り広げられた。
◎イベントに参加できたファンとは、①UNICORN初のシングル「大迷惑」（4月29日発売）を買い、②3枚目のアルバム「服部」を予約し、③UNICORNのラジオ特集番組でキーワードをチェックして応募ハガキに書き込み、④「Mr.服部の"大迷惑なHATTARI SHOW"御招待」コースを希望した中の幸運な170名である。

●16：00　ライトアップ広島店が入っている天満屋デパート横のレコード店前で受付開始。派手なのぼりが目印だ。
"服部の袢"と地図を手渡される。なかには新幹線で3時間かけて来た人も。参加者は、詳しい内容についてまだ何も知らない。

●市内繁華街のアーケードを"服部"が闊歩。もちろん市民は振り返る。オリエンテーリング形式なので、地図を片手に第2チェックポイントに向かう。

UNICORNを生んだ
広島の大イベントに大勢のファンが「大迷惑」ならぬ大感激

〈イベント翌日談〉
■鈴木　浩さん（CSG広島営業所）
ユニコーンのメンバーがこの企画に乗ってくれて、全部コピーのライブをやりたいというようなアイデアを出してくれたり…みんなが出し合ったアイデアが形になったんです。イベントの成功については、営業所がひとつにまとまってやれたということと、メンバーとCSAの原田さんのご協力なしには出来なかったことなので本当に感謝しています。ケガ人もなく、無事に終わって良かったなということしかないですね。2度と同じことはやれないと思うから。今、すごく楽しく仕事をやれています。辛いこともあるけれどイベントを行なったりするときの僕らの緊張感とファンの楽しそうな顔を見るのが、もう最高ですね。

●

■古賀勝幸さん（CSG広島営業所）
ここ3か月くらいは広島営業所はこのイベントに賭けていたから、思った通りの大成功で最高に嬉しかったですね。独自施策をどんどんやろうとしている中で、今回はすべてについて反響が大きかったし、次回のイベントも大事に練ってやりたいですね。広島営業所って営業経験のない人が多くてある種の素人集団なんだけれど、内に秘めた妙なパワーでやっているから他の営業所に負けてないと思います。

●一行は広島記念公園を通過。ハンディカミングしているのはSDの熊木さん。参加者は一体これから何が起こるのか、まだ知らない。

大成功

UNICORNはツェッペリンのナンバーなど4曲を

●鈴木浩さんの「今日は、コピーバンドを見てもらおうと集まってもらいました」のMCに再びエ〜ッのざわめき。「では、もうひとバンド紹介します。どうぞー」カーテンが開くとそこには、今度こそのUNICORNが。絶叫、絶叫、絶叫。こぶしをふりあげ、体を揺らす。みんな、汗をかきながらいい顔をしていた。

●オリエンテーリング帰着点は広島営業所があるソニービル下。参加者はどこに連れていかれるのか、わからないままバスに乗る。数分後、広島一のライブハウス「WOODY STREET」に到着。参加者はもしやと期待して営業所の人間に尋ねるが「今日はUNICORNは出ません」とつれない返事。
18：00　UNICORNの曲のイントロが流れ、参加者は叫ぶ。しかしカーテンがあくとそこにはペペッシュが…。エ〜ッ、ウッソ〜の声もあがったが、たて続けにUNICORNのナンバーをやると参加者は興奮。

ペペッシュ

●広島営業所では、"大迷惑フェアー"と同時に"UNICORNコピーバンドコンテスト"を実施した。約100バンドの中から、UNICORNのメンバー、スタッフが選び出したのが結成1年の「ペペッシュ」というバンドである。

9

1989年6月13日、シングル「服部」発売を記念して、ソニー広島営業所が企画したキャンペーンの模様を記事にした、ソニーの社内報。シングル購入者が「服部」の袢を着て市内をオリエンテーリング形式で巡るというもの。

（第6章『服部』のプロモーションとツアー）参照

資料提供:ソニー・ミュージックエンタテインメント

金魚と巾着の謎に迫る

写真上:『服部』ブックレットの最終ページ。左下に置かれた金魚の写真が。一体これは誰のアイディアで、どんな意味があるのか？　写真下:『服部』の15万枚限定特典（通常盤も同発）として製作された巾着袋。

（第7章　『服部』のアートワークと映像）参照

レーザーディスク

ユニコーンの2ndライブビデオ『UNICORN WORLD TOUR 1989 服部』のレーザーディスク盤。4月23日の日比谷野外音楽堂と、7月10日の日本武道館でのライブを収録している。イラストで描かれているのは、もちろん『服部』ジャケット写真の中村福太郎氏。下は封入特典のバックステージ・パスのステッカーだ。

（第7章　『服部』のアートワークと映像）参照

ハッタリ直筆スコア

プロデューサー笹路正徳の直筆による「ハッタリ」フル・オーケストラ譜から、イントロ後に「おかしな2人」に突入した部分。スコアは最終的に16枚にも及んでいる。

（第8章『服部』のレコーディング・スタッフ、30年ぶりに集結。マルチを聴いて座談会）参照

「ハッタリ」より「おかしな2人」作詞:川西幸一　作曲:奥田民生

レコーディング・スタッフ再集結

2019年7月某日、都内スタジオに当時のレコーディングに関わったスタッフが集結して、『服部』のマルチトラックを聴く会が開かれた。前列右から時計回りに、河合誠一マイケル、笹路正徳、高村 宏、鈴木銀二郎、深田 晃、大森政人の面々。この座談会の模様は第8章に！

（撮影:吉田穂積）

マスターテープ

『服部』レコーディングで使用されたマルチテープ。上はアナログ・レコーディングで使用したテープで、下はソニー製デジタル・マルチ3324で使用したテープ。それぞれにトラックの情報が記載されたトラックシートや歌詞などが同梱されている。 （撮影:吉田穂積）

2019年『百が如く』ツアー

2019年の100周年ツアー『百が如く』では、『服部』の楽曲をメドレーで演奏するコーナーが設けられた。

イメージボーイ

『服部』カバーを飾った中村福太郎氏。CDのスリーブ内に掲載されている写真のアナザーカットだ。『服部』のイメージボーイとして、当時流行していた開襟シャツをインナーに、肩幅の広いジャケットを羽織っている。ワンポイントで首から提げたループタイもオシャレ。

（撮影:若月 勤）

ユニコーン 服部

ザ・インサイド・ストーリー

取材・文 兵庫慎司

RittorMusic

目次

プロローグ――20
『服部』に関わった、本書の登場人物――23
第1章　『服部』前夜のユニコーン――31
第2章　ABEDONの加入――45
第3章　『服部』のコンセプト――59
第4章　原田公一マネージャー、登場――71
第5章　メンバーが語る『服部』の制作――83
ABEDON――86
EBI――96

奥田民生——106
川西幸一——119
手島いさむ——128
第6章 『服部』のアートワークと映像——137
第7章 『服部』のプロモーションとツアー——153
第8章 『服部』のレコーディングスタッフ、30年ぶりに集結。マルチを聴いて座談会——173
巻末資料 本書で紹介している1988-1990のユニコーン——240
エピローグ——252

プロローグ

２００９年に再始動してから丸10年。ＡＢＥＤＯＮが加入し、現在の５人になってサード・アルバム『服部』をリリースしてからぴったり30年。最年長の川西幸一が10月20日に還暦を迎えるので、生誕60年。10＋30＋60＝１００、というわけで、２０１９年を〝１００周年〟と定め、４月から12月まで続く全50本のツアー『百が如く』を行ない、４月に『ＵＣ１００Ｖ』、10月に『ＵＣ１００Ｗ』と二作のニュー・アルバムをリリースするなど、精力的な活動をくり広げているユニコーン。

本書のテーマは、そのうちの〝30周年〟の部分である。『服部』。１９８７年10月21日にファースト・アルバム『ＢＯＯＭ』でデビューしたユニコーンが、１９８９年６月１日に世に放ったサード・アルバム。当時、バンドブームの中にあって、ユニコーンを一躍トップに押し上げた作品であり、ユニコーンというバンドの、言うなれば〝在り方〟を確立した作品だ。

〝全員が歌詞と曲を書く〟
〝ロック・バンドの音のフォーマットに縛られず、ジャンルも楽器も手法も関係なく、やりたいことをやる、入れたい音を入れる〟
〝ボーカリスト以外のメンバーも歌うし、メンバーじゃない人も歌う〟
〝誰がどの楽器をやってもいい〟
〝『ロック・バンドの歌詞は基本的にこういう内容でこういう書き方』というセオリーに則らない、新しい文体の作詞法を開発する〟
〝イントロ→Aメロ→Bメロ→サビ、という定形以外でもポップソングは作れる、ということを立証する〟
〝ジャケットやミュージックビデオ、曲名やアルバム・タイトルまで含めて、前例に従うのではなくオルタナティブで新しいものを生み出す〟

〝日本のロック〟とか〝日本のロック・バンド〟とか〝日本のロッ

ク・ビジネス〞とかの既成概念を、根底から覆す事件。それが『服部』だったことが、こうして特徴を列挙してみるとわかるだろう。

メンバー5人とスタッフを含め、『服部』にクレジットされている人たちに……いや、それ以外の関係者も含めて、話を訊けるだけ訊き、証言を積み重ねていくことで、『服部』とはなんだったのかを知りたい。理解したい。どうしても理解できないことがあったとしたら、それはそれで、その不思議さを改めて噛み締めたい。以下は、そういう思いを込めながら編纂した、全8章のテキストである。読み終えたあとで『服部』を聴き直すと、30年も前の作品なのに新しい発見がある、そんな本になっていることを願う。

『服部』に関わった、本書の登場人物

ABEDON
（あべどん）

ユニコーンの再始動は、彼が奥田民生に提案したところから始まった。再始動の2009年以降はバンドのリーダーであり、2016年以降はマスタリング・エンジニアでもある。ユニコーンが解散していた間はソロとしての活動のほか、プロデュースや楽曲提供などで活動（ソロは現在も継続中）。氣志團をデビューから3年で東京ドーム成功まで導いたプロデューサーであることはよく知られている。

EBI
（えび）

ユニコーン解散後、ソロ、ARB、SDR、MADBEAVERSなどで活動。ソロ活動は、ユニコーン在籍中の1991年に1枚、解散後は1997年までに3枚のアルバムをリリースしている。ユニコーンの再始動後の2012年からは、川西・手島と結成した電大でも活動中。

川西幸一
（かわにし・こういち）

『服部』当時は「西川幸一」と名乗っていた。手島と共にユニコーンを結成したリーダーだったが、1993年、ラスト・アルバム『SPRING MAN』のレコーディング中に脱退、VANILLAやジェット機、BLACK BORDERSなどで活動。再始動から再びユニコーンに加わる。

手島いさむ（てしま・いさむ）

川西とふたりでユニコーンを結成した人。ユニコーン解散後はＢＩＧ ＬＩＦＥ、islandsなどで活動。再始動後はユニコーンと並行して電大とソロでも活動中。電大の作品は、２００９年に手島が立ち上げたレーベル、Line Drive Musicからリリースされている。

奥田民生（おくだ・たみお）

ユニコーンを『服部』のような方向に進めた人。ソロとしての活躍、プロデューサーとしての活躍、THE BAND HAS NO NAMEやO.P.KINGや地球三兄弟、サンフジンズといった他アーティストと組んだバンドでの活躍などについては、周知の事実なので割愛。

原田公一（はらだ・きみかず）

ユニコーンのチーフ・マネージャー。大学時代に下北沢ロフトでアルバイトしていて南佳孝と出会い、マネージャーになる。１９７９年、南佳孝と共にエイプリル・ミュージック（現ソニー・ミュージックアーティスツ／以下ＳＭＡ）に入社。社内異動により、１９８９年1月31日からユニコーン担当に。ユニコーン解散後も同社で奥田民生やＰＵＦＦＹらを手掛け、２００９年にＳＭＡ代表取締役会長に就任。現在は、２０１５年のＳＭＡ退職と同時に立ち上げた株式会社ＦＲＥＥの代表取締役。

鈴木銀二郎
（すずき・ぎんじろう）

ユニコーンの現場マネージャー。ローディーとしてデビュー前からユニコーンのスタッフを務め、『服部』直前に原田が異動して来たタイミングで現場マネージャーになる。ユニコーン解散後はSMAで数多くのアーティストのマネージメントを担当、現在は企画開発部部長。本書のSMA側の担当者として、また誰よりも当時をよく知るスタッフとして、各スタッフとの連携や資料提供などに尽力。通称〝銀ちゃん〟。

河合誠一マイケル
（かわい・せいいち・まいける）

ユニコーンのディレクター。大学生の頃にザ・スクェアのドラマーなどで活動し、1979年、CBSソニーに入社。大滝詠一、プリンセス・プリンセス、ピチカート・ファイブ、ユニコーンなど、数々のアーティストを担当。ユニコーンの解散前のラスト・アルバム『SPRINGMAN』では脱退した川西幸一に代わってドラムを叩くなど、プレイヤーとしても活動している。現在はソニー・ミュージックRED制作部のシニアプロデューサーを務める。

笹路正徳
（ささじ・まさのり）

ファースト・アルバム『BOOM』からサード・アルバム『服部』までの、ユニコーンのプロデューサーであり、ABEDONの師匠。向井美音里が脱退してから阿部が加入する前の間のサポート・キーボードも務めた。ユニコーンのほかに、松田聖子、プリンセス・プリンセス、スピッツ、THE YELLOW MONKEY、コブクロ、HYなどなど、1980年代から現在まで、数々のアーティストをプロデュースしてきた。キーボード・プレーヤーとしても活躍し、河合マイケルとは一緒にバンドを組んでいたこともある仲。

大森政人（おおもり・まさと）

『服部』のバンド部分のレコーディング・エンジニア。CBSソニー所属で、80年代には山下達郎、PSY・S、バービーボーイズ、TM NETWORK、米米クラブなど、多数のアーティストのレコーディングを行なってきた。

深田 晃（ふかだ・あきら）

『服部』のオーケストラ部分のレコーディング・エンジニア。CBSソニー録音部チーフ・エンジニアとして数々の作品を録音し、その後はNHK放送技術制作技術センター番組制作技術部で、音楽番組やNHK大河ドラマなどの録音に携わる。現在はdream window代表として音楽制作を行なっている。

鈴木俊吾（すずき・しゅんご）

株式会社ディスクガレージのユニコーン担当。デビュー前から現在まで、ユニコーンの関東エリアのコンサートに携わり続ける。現在は同社専務取締役。本書のために当時の年間プロモーション計画表など、貴重な資料を多数提供してくれた。

岡田哲（おかだ・てつ）

関西・中国地方を中心とするコンサートイベンター、夢番地のユニコーン担当。ＡＢＥＤＯＮ以外のメンバーの地元、広島のライブなどをブッキングしてきた。現在は同社代表取締役社長。

鈴木浩（すずき・ひろし）

ＣＢＳソニー広島営業所で、『服部』のキャンペーンなどの施策を行なった人物。もともとはユニコーン結成前からメンバーと面識があり、デビューまでのお膳立てをしたスタッフでもある上に、その後、大阪、東京と転勤になって、１９９３年の解散時にはソニー・ミュージックエンタテインメント販売促進部でニッポン放送担当だったため、解散を発表した『ユニコーンのオールナイトニッポン』をブッキングした人でもある。

高村 宏（たかむら・ひろし）

『服部』のオーケストラ部分を演奏する外部ミュージシャンの手配の担当者。「ハッタリ」を歌う少年〝ペーター〟を手配したのもこの人。当時は株式会社ミュージックランド、現在は社団法人・演奏家権利処理合同機構ＭＰＮ法務部／情報管理部に所属。

中田研一
（なかだ・けんいち）

ユニコーンの所属事務所、ＣＳＡ（当時）の宣伝担当。音楽雑誌の全盛期だった当時、各出版社のページをユニコーンのために押さえていたのはこの人。『服部』のクレジットでは「中田コーガン」と記載されている。現在はＳＭＡ管理本部／マーケティング本部長。

中村 収
（なかむら・おさむ）

ユニコーンの所属レコード会社、ＣＢＳソニーの宣伝担当。デビューから『ケダモノの嵐』までユニコーン番だったほか、デビュー前の時期のミュージックビデオ制作などにも関わっていた。『服部』クレジットには「中村雲雀」とクレジットされている。現在はソニー・ミュージックエンタテインメントＲＥＤ制作部ゼネラルマネージャー。

市井 洋
（いちい・ひろし）

ユニコーンの初代マネージャー。１９８６年、ＴＵＬＩＰマネージャーを経てエイプリルミュージック（現ＳＭＡ）に入社。デビュー前から『服部』の制作直前までマネージメントを担当する。メンバーからはなぜか〝デチュー〟と呼ばれ、『ＰＡＮＩＣ　ＡＴＴＡＣＫ』には、市井〝デチュー〟洋とクレジットされている。現在は有限会社ファーストプレイス取締役マネージャー。

野本卓司（のもと・たくじ）

『服部』のアートディレクター。日本のロック・ポップスの数々の名盤のジャケットをデザインしてきたほか、書籍のデザインやドローイングなども手掛ける。現在もフリーランスとして活躍中。

須藤由美子（すどう・ゆみこ）

『服部』の制作進行担当。ＣＢＳソニー所属。ジャケットの中村福太郎さんを知っていたのは彼女であること、初回盤限定の「巾着袋入り」を発案したことなど、『服部』を『服部』たらしめた重要人物。

板屋宏幸（いたや・ひろゆき）

『服部』タイミングでのミュージックビデオ「大迷惑」、「デーゲーム」の映像ディレクター。『ＰＡＮＩＣ　ＡＴＴＡＣＫ』以降解散までのユニコーンの映像作品はすべて彼の手によるもので、奥田民生の「イージュー★ライダー」、２００９年のユニコーン復活一発目の「ＷＡＯ！」も手掛けた。現在はミュージックビデオ、ライブビデオのみならず、映画監督としても作品を作り続けているほか、デジタルハリウッド大学客員教授も務める。

第1章

『服部』前夜のユニコーン

初期の「二の線」路線は何だったのか

１９８7年10月21日、ファースト・アルバム『ＢＯＯＭ』でデビュー。１９８8年2月15日札幌ペニーレインのライブを最後に、キーボードの向井美音里《みどり》が脱退、４人でセカンド・アルバム『ＰＡＮＩＣ ＡＴＴＡＣＫ』を制作、同年7月21日にリリース。それと前後する形で、6月21日に日本青年館（ユニコーンにとって初のホール・ワンマン）にてＡＢＥＤＯＮの加入を発表している。だが、『ＰＡＮＩＣ ＡＴＴＡＣＫ』のレコーディングには、メンバーとしてはまだ参加しておらず、ジャケット写真やメンバーのクレジットも４人になっている——。

デビューから『服部』までのユニコーンの略歴を書くと、このような感じになる。〝ハードロックではなくハードなロックをやる〟という当時の宣伝コピーがうなずけなくもない、ハードで性急なバンド・サウンドといい、ラブソングが基本の歌詞といい、ドラマチックでせつないメロディといい、整ったルックスといい、当時（バンドブームが始まったところだった）の人気バンドの要素をいくつもあわせ持っている新人、それがユニコーンだった、と言える。

しかし、それは——このあとのメンバーのインタビューでも語られるように——必ずしも本人たちの意志ではなく、スタッフワークによる部分も大きかったようだ。納得がいかないのにそうさせられた、というところもあっただろうが、納得いくいかない以前に、まだ右も左もわからないがゆえに〝そういうものなんだろう〟と思って敷かれたレールの上を走っていた、というところもあったのではないかと推測する。それに、デビュー直後からローディーとしてバンドに帯同し、『服部』のレコーディング直前、原田公一チーフ・マネージャー体制になったタイミングで現場マネージャーになった鈴木銀二郎に言わせると、当初はメンバーのノリも、わりとそういう感じだったらしい。

「だって、解散した時に出た『ＶＥＲＹ ＬＵＳＴ ＯＦ ＵＮＩＣＯＲＮ』っていうドキュメント（映像作品）にも入れた、ＳＤオーディションに出てる時のライブを観ると、別に誰かに着ろって言われたわけでもない、自分たちで選んだ服だろうけど、民生、長めの黒いコートとか着てるんですよ。『なんであんなの着てたの？』、『いや、この時期は、ＢＯØＷＹとか流行ってたんだよ』って言うわけですよ。だから自分たちも、最初はそういう感じだったのが、バンドの意識が解放されていく感じで、どんどん変わっていったんでしょうね。マネージメントは、そこは変えずに、既定路線のカッコいいバンドにしようとしていたんだと思いますけどね」

当時のマネージメントの宣伝担当は中田研一、レコード会社の宣伝担当は中村雲雀（中村収）。なぜか二人ともファースト・アルバムにはクレジットが入っていないのだが、それぞれデビュー前からユニコーンに関わっているという（当時の業界のアバウトさがうかがえる）。

「自分は宣伝担当になる前、学生の時、ソニーでビデオの制作とプロモーションのアルバイトをしていたんですよ。当時ソニーは『ＤＡＹＳ』というビデオ・コンサートを各地でやっていまして。ファンが集まってソニーのアーティストのミュージック・ビデオとかを観る、という。デビュー前、それ向けに「Concrete Jungle」と「Hystery-Mystery」のメドレーでミュージック・ビデオを作ることになって、その時にメンバーと初めて対面しました。だからまあ、まだ、けっこう勘違いしてた頃の（笑）」（中村）

「今のユニコーンになる前の。ポストＢＯØＷＹ、ポストＵＰ－ＢＥＡＴ狙い、みたいな。黒い衣装のイメージで」（中田）

「大迷惑」までシングルが出なかった理由

エイプリル・ミュージック（現ソニー・ミュージックアーティスツ／以下ＳＭＡ）で、最初にユニコーンの現場マネージャーになった市井洋は、デビュー前に広島でのライブを観に行っている。

「一番はメロディがすごくいいのと、リズム隊が強力だなと。川西くんのドラムと、ＥＢＩくんの天性のベーシストの才能。それから、バンドの顔である奥田くんの、声もそうですけど、ビジュアル的なことも……あの当時、音楽シーンが変わる過渡期だったと思うんですけど。それまでニュー・ミュージックが強かったのが、バンドがいろいろ出始めて。その中で、売れる要素をすべて持っていると感じました。当時の上司に『どうだった？』って訊かれて、『絶対売れると思うし、やりたいです』って言ったのは、はっきり憶えています」

では、どのように彼らを売り出そうと考えたのだろうか。

「東京に来てからは、まったく知名度がないし、活動の基盤がないので、どうやって作っていくかに悩みました。〝とにかくライブだろう〟というのはあったんですけど、バンドの活動歴も全然なかったから、オリジナルが8曲ぐらいしかなかったんですよ。ライブやるにも8曲じゃ無理だから、最初に考えたのが、とりあえず20曲オリジナルを作ろう、そのためにはノルマとしてアルバムを出すのが一番いいだろうと。それで〝2枚目のアルバムを出すまではシングルを切らない〟と決めました。で、2枚目の『PANIC ATTACK』を出してから、ツアーをやろうと」

本書を作るにあたって、多くの旧スタッフに話を聞いたところ、〝なんで「大迷惑」までシングルを出さなかったんだっけ？〟という疑問が、何人もの口から上がった。そして、なぜそうなったのかを誰も正確に憶えていなかったのだが、彼のジャッジだったことがここでわかった。なお、セカンド・アルバムの『PANIC ATTACK』には、広島時代から存在する4曲が収録されているが、それも彼の発案だという。

「その8曲のアマチュア時代の曲を、ファーストとセカンドで4曲4曲に分けたんですよ。僕は今でも一番好きな曲なんですけど、「SUGAR BOY」はもったいないから2枚目に入れよう、と。今後生産能力がどれくらいあるか、まだわかんなかったので、セカンドに取っておいた。みんなファーストに入れようと言っていたんですけど、僕が反対して」

『PANIC ATTACK』から自我が芽生える

デビュー・アルバム『BOOM』時のバンド・キャラクターに変化が見え始めるのが、その『PANIC ATTACK』の頃だ。奥田民生以外のメンバーが作詞や作曲を手掛けた曲は、『BOOM』は10曲中2曲だったのが『PANIC ATTACK』では11曲中3曲になり、民生とツインでEBIがボーカルをとる曲（「ペケペケ」）も収録された。川西幸一が突然モヒカンになったのも、このアルバムのジャケットからだ。現場を預かるスタッフが激怒した、という話、これもいろんなスタッフの口から語られた。市井も鮮明に憶えているという。

「あれ、すっごい頭にきて。六本木の事務所

2ndアルバム『PANIC ATTACK』のジャケット写真。本文にあるように、モヒカンの川西はとても小さくなっている。

にいきなりモヒカンで現われたんです。セカンド・アルバムのジャケット撮影が1週間後で、あの時に考えてたビジュアル、すべて台なしになりましたもん。だって、モヒカンが似合っていればいいけど、似合ってないじゃないですか、目がちっちゃくて（笑）。だからジャケットは民生とEBIの二人を大きくして、とにかくモヒカンをちっちゃくしようと。本当は全員大きく写る予定だったんですけど」

ユニコーンを各音楽雑誌に売り込んで取材ページを取るのが大きな仕事だった中田研一は、こう振り返る。

「ポストBOØWY、UP-BEAT路線みたいな形でメジャー・デビューした以上、〝大人の言うことを聞かないと〟ってやってきた中で、メンバーの中でフラストレーションが大きくなっていったんでしょうね。〝自分たちはもっと既存のバンドがやらない、ユニコーンじゃないとできないことがやりたいんだ〟っていうエネルギーがすごくあったのを、ずっと抑えていた。で、アイドル・バンドみたいな見え方、音楽雑誌の表紙を飾って女の子がワーキャー言う、しかもオーディションから出てきていて、ライブハウス活動もそんなにしてない、みたいなイメージがなんとなくあったんですよ、メディアのほうに。そういうのも覆したい、みたいなのは、本人たちにもずっと溜まっていて……川西くんのモヒカン、あれはまさにそれのアンチテーゼでやったんですよ。突然モヒカンにして来て。

それが『ＧＢ』（音楽雑誌）の撮影の日だったんですよ。やっと見開きの取材が取れた、一番ページが大きくなった時にモヒカンでサングラスで来て、現場で大もめにもめて。撮影やめようって話にもなったんですけど、川西くんが『撮る！』って、そのまま強行したんです」

川西本人の話を聞くと、まさに中田の言うとおりの心境だったようだ。

「なんかこう……アイドルみたいな、タレントみたいなのが嫌だったんだよ。大嫌いだったんだよ。ファースト・アルバムの写真を撮った時は、別に〝まあこんなもんだろうな〟と思ったけど、撮ったあとからフツフツと〝なーんか方向が違うぞこれ、俺らが思ってるバンド像じゃないぞ〟と。その時はもちろん『服部』みたいなバンド像を描いてるわけじゃないけど、これはなんかおかしいと思って。そういう時って頭丸めたりするじゃん、普通。でも頭丸めてもあれだから、〝あ、モヒカンにしよう〟と思って。『ＰＡＮＩＣ　ＡＴＴＡＣＫ』のレコーディング中、フッと思い立って、翌朝美容院に行って『モヒカンにしてください、ついでに眉も剃ってください』って言って。それで、雑誌の取材に行ったのよ。そしたらみんな俺に気がつかない（笑）。で、しばらくして、『どしたんそれ！』みたいな話になって。『いや、なんか気分一新しようかと思って』つって。そしたら事務所の上の人と喧嘩になって。撮影スタジオの外階段に呼び出されて、『ジャケット撮影のシチュエーションとか考えてるんだから、そういうこと勝手にやってもらっちゃ困る。なんでこんなことしたの！』、『いや、なんかまあ、思うことあってやったんですけど』、『困るんだよね』、『いや、困るも何も僕の等身大これなんで、これで写してください』、『そうは言ってもさぁ』、『でも伸びないですよ、もう』って（笑）」

また、ＡＢＥＤＯＮの加入を発表した6月21日の日本青年館、その追加公演として行なった7月4日の日本青年館では、〝『ＰＡＮＩＣ ＡＴＴＡＣＫ』が自信作なので、ちゃんと聴いてほしい〟という理由で、ライブを二部構成にし、一部は〝立ち上がるの禁止、座って聴く〟というルールで『ＰＡＮＩＣ ＡＴＴＡＣＫ』を曲順通りに演奏し、二部で通常のライブをするという試みも行なっている。つまり、『服部』につながるような自我が出始めてきた、という風に見ていいだろう。

プロデューサーの笹路正徳とともに、いや、それより長期間にわたってユニコーンの先生として、友として重要な制作スタッフだったディレクター、河合誠一マイケルも、本気を出し始めたのはこれ以降ではないか、と市井は言う。

「マイケルさんが具体的にいろいろディレクションし始めたのも、セカンドのあと辺りだと思う。それまでは、曲もあるし、様子を見てみよう、っていうところがあったと思います。曲のストックが全部なくなって……だから、彼らが本当にプロとして作品を書き下ろすっていう作業は、『服部』が最初だと言っても過言ではないんじゃないですかね。そこでマイケルさんが、空になった引き出しにいろんなエッセンスを入れていって。あと、そのタイミングで阿部くんが正式メンバーになったので。それがやっぱり大きかったと思うんですよね」

ABEDONから見た『服部』以前のユニコーン

１９８５年の夏、18歳で笹路正徳のアシスタントになったＡＢＥＤＯＮは、笹路がユニコーンのプロデュースを手がける１９８７年の夏には、マニュピレーター／キーボーディストとしての自分の仕事も始めており、笹路にベタ付きというわけではなくなっていた。それでも、ファースト・アルバム『ＢＯＯＭ』のスタジオには出入りしていたという。

「笹路さんがユニコーンっていうバンドを面倒見ることになったのは知っていて。でも、レコーディング、全部は行ってないと思うんですよ。僕も違うところで仕事をしてて、必要な時に呼ばれるとスタジオに行って。だから、当時はちょこっと覗いて、〝こういうメンバーか〟とか思いながら。まだメンバーとはそんなに交わってないけど、川西くんがずっと『ヘッドフォンが落ちる、ヘッドフォンが落ちる』って言ってて、『どんだけ首振って叩いてんだよ』って（笑）。『ガムテで巻けば？』みたいな話をしたのは憶えてます」

そして、セカンド・アルバム『PANIC ATTACK』では、キーボーディスト不在の状態だったこともあってか、さらにレコーディングに関わっていくことになる。

「セカンドの時はもうちょっと関わって。鍵盤は笹路さんが弾くんだけど、その音色を作ったりとか、鳴り物を入れたりとか。その頃から、曲がいいなとは思ってましたね。なんて言うんだろうな……すごくメロディアスよね、やっぱり。コードのメジャーとマイナーの感じも不思議なところに行くし。音楽が好きなんだな、という感じがしましたね。でまあ、ずっと一緒にいるから、当然バンドの内部事情はわかるようになるので。新しい方向に進みたい人と、それとは違う方向に進みたい人と、いろんな考えが混在してるバンドだな、っていうふうには見受けましたけど」

ファースト・アルバム『BOOM』がリリースされた頃、『リズム&ドラム・マガジン』の小さな枠で、川西幸一がインタビューを受けていた。その中のこの発言が、読んで30年以上が経つ今でも、強く記憶に残っている。インタビュアーから「誰かについてドラムを習ったことは?」と問われた彼は、「ないよ。独学。アルバムでも全部叩いたけど、困ったこととかなかったね」と答えていたのだ。独学なのはともかく、アルバムで全部叩いたことを、わざわざ言葉にするということは、他のバンドは必ずしもそうではなかった、ということなのではないか。もっと言うと、ユニコーンもそういう部分はあったのではないか。当時、演奏技術が足りない新人バンドはレコーディングで演奏させてもらえないことが珍しくない、代わりにその道のプロが演奏するというのは、地方の大学生だった自分のような素人も知っていることだった。そのへん、「ユニコーンのファーストとセカンドはどうだったんでしょう?」とABEDONに問うたところ。

「えーとね、半分ぐらい(演奏)してるね。逆に言うと、半分ぐらいしかしてない」

という答えが返ってきた。

「川西くんはおそらくしたと思うね。〝川西くんは〟ね。まあ別に、もう言ったっていいんじゃないですか? みんな50過ぎてるんだし。当時はそういうバンドが多かったし、あと、今と違って直しが効かないから。今だったら録ったあと、プロトゥールスでガッチガチに直せるけど、当時はアナログでしょ。だから〝これもう一生レコーディング終わらないぞ〟みたいな、そういうことが起きるんですよ。スタジオとかの予算の都合もあるでしょうし、プロデューサー的にもクオリティは求めなきゃいけないし。で、〝代わりに弾くミュージシャンと一緒にやって、それを見てまた勉強する〟っていう場だったんですよね。笹路さんの方針もあるし。〝プレイがダメなもんはダメだ、性格悪くてもいいからプレイだけは良くしてくれ〟みたいな感じなんでね、笹路さんはね。だから、そういうところはあったと思いますよ」

ただし、ジャンル的にも技術的にも音楽知識などの面でも、ファーストとセカンドよりもはるかに演奏が難しい『服部』は、クレジットどおりにメンバーが演奏しているという。そのことも、『服部』でユニコーンというバンドそのものが大きく変わったことを示している、と言えるだろう。

第2章
ABEDONの加入

向井美音里の脱退

「デビューから『服部』の年までのユニコーンのライブ・スケジュールって、すごいハードじゃないですか。僕が〝とにかくライブだ〟ってこんなスケジュールを組んだんですけど、美音里が……やっぱり体調がもたなかったんですよね。はっきり言ってハードだったと思います。そこにレコーディングやプロモーションも入ってくるわけで」

と、初代現場マネージャーだった市井洋は振り返る。確かに、この時期のユニコーンのライブ・スケジュールは、かなり熾烈なものだったようだ。例えば、1988年の1月は8本、2月と3月は11本、4月は11本。本数が多い、というだけでない。今のバンドのように、1年以上前からブッキングして、効率よく地方を回るような日程を組むことができる状況になかったようで、地方から地方への移動なども含めて、かなりの強行軍だった。

「ライブで正直、ヤバいって時があって。本人は気丈に『大丈夫です』とは言ってるんだけど、演奏中に貧血で一瞬フッと倒れかかったことがあったんです。大事には至らなかったけど、〝これはもう無理だなあ〟と思いましたね。それでメンバーと話をして、脱退させようということに決めて。美音里を呼んで……美音里も何か、自分の中でうっすら、「足を引っ張っちゃうんじゃないかと思っていた」というようなことは言っていましたけど……あれは今でも、僕のマネージメントの反省としてあります」

1988年2月15日、札幌ペニーレインのライブを最後に、キーボードの向井美音里が脱退した事情を、市井はこう明かす。また、そのタイミングで決断したのは、時間的に切羽詰まった状況だったからだという。

「ツアーが北陸と九州で何本か入っていて、それが連チャンでハードなスケジュールだったんですよ。移動はクルマだし、〝これを美音里が回るのは無理だ〟と思って、その前に本人に話をしたんですね。それで、〝さてどうしよう〟と考えて、笹路さんのマネージャーに『笹路さん、ここからここまでスケジュール空いてますか?』って訊いたら『空いてるよ』と。『ライブのサポートをお願いしたいんです』、『大丈夫だよ』って言われたんですけど、北陸、九州をクルマで回るって言うと、たぶん嫌がると思ったんで、本人には『1週間、関東近郊です』って嘘をついて。渋谷駅で集合して、そのまんまクルマで北陸に行くという(笑)。笹路さん、途中で〝なんか変だぞ〟って気づいて、『どこ行くの?』、『新潟です』(笑)」

ABEDONに白羽の矢が立つまで

という、贅沢な方法で急場をしのぎながら、ユニコーンは新しいキーボーディストを探し始める。メンバーそれぞれは、当時のことをこんなふうに記憶していた。まずは、川西幸一から。

「ツアーは笹路さんに弾いてもらったんだけど、とにかくメンバーを探そうっていうことになって、いろんなキーボードの人とスタジオでセッションしたんだよ。でも、やっぱりセッションの人たちであって……うまいんだけど、良くも悪くもアクがない。そりゃそうだよね、セッション・ミュージシャンって、基本的にはアクあっちゃダメじゃん。でも、笹路さんとツアーを回った時との爆発力の違いが……笹路さんってすごいセッション・ミュージシャンだけど、ガシガシくるんだよ、リズムが。ものすごいロックなのね。それを体験したもんだから、そのレベルを求めてたんだよ、俺ら。でも、それを求めてると、セッションの人たちとやってても物足りないだろうな、どうしようかな……って時に、『あ、阿部ちゃんいるじゃん』って話になって。ファーストの頃から笹路さんのところにいて、マニピュレーターとして音を作ってたから。『俺らの音を知ってるし、あいつがいいんじゃない?』って話になって」

この〝阿部の前に数人とセッションを行なった〟という件は、ＥＢＩも記憶している。

「一応オーディションをね、何人かしたんです。でも、やっぱり、ピンと来なかったんです。歳も近い人がいなかったかな、みんなちょっと歳上で。阿部はファーストからスタジオにいたし、ものすごくいい子だなと思ってましたしね。まあ性格がいいというか、明るいというか。人柄がいいっていうのは、やっぱり大きいじゃないですか。で、一番近くにいたし、歳も近いし、うってつけだなと」

なお、そのオーディションとは別に、広島時代の知人である、腕の確かなキーボーディストを口説きに行ったことを、手島は憶えていた。

「俺と川西さんで、事務所から交通費をもらって、広島までスカウトしに行ったの。二人で膝詰めで話をしたんだけど、拒否られた。前にプロになるとかならないとかいうことがあったバンドにいたやつで、そこでいろいろあったのか『バンドはもうやりたくない』って言われて。で、東京に戻ってオーディションとかやってるうちに、「阿部は笹路さんの弟子で、ずっとマニピュレーターもやってるし、彼がいいんじゃないかな」みたいな話になって。『ＰＡＮＩＣ ＡＴＴＡＣＫ』を作ってる中盤くらいから、そんな雰囲気になってきて……で、レコーディングの最後に、リコーダー５人の譜面を笹路さんが書いて、ひとつのパートを阿部が練習して。〝入るんだぞー〟みたいな空気が、そこで醸成できたわけですよ」

「笹路さんがライブで弾いてくれた時も一瞬あったんだけど、その時に〝ひとりだけ異様にうまいな〟と思って」と語るのは民生。

「それで『俺らが異様にヘタに聴こえます！』、『おまえら、もっと練習せえ！』みたいなね（笑）。阿部はその笹路さんの弟子で、ちゃんと受け継いでいるものもあったし。阿部が入れば俺らの全体の能力は上がるだろうとも思いましたし。曲とかに関しては阿部も最初から、もうやる気でいたしね」

直接、ＡＢＥＤＯＮに加入の話をしたのは、当時リーダーだった川西。『ＰＡＮＩＣ ＡＴＴＡＣＫ』レコーディングの、スタジオから帰る途中だったとＡＢＥＤＯＮは振り返る。

「当時クルマを持っていたのが僕だけだったんで、川西くんを送って行ったかなんかしたんですよね。その時に言われた。２４６（国道２４６号線）をね、渋谷から池尻に行く途中、地下のバイパスになってるでしょ。あの辺で言われたのを覚えてますね。『入らない？』って」

この時すでにクルマを持っていたという事実からもわかるように、当時のＡＢＥＤＯＮは、笹路のアシスタントと並行して、マニピュレーター／キーボーディストとして多数のアーティストのレコーディングやライブに関わっており、多忙な日々を送っていた。しかし、その中で、ほぼ準メンバーのような形で手伝っていたＭ‐ＢＡＮＤが解散したばかりというタイミングだった。同時期に、アイドルだった菊池桃子が新しくバンド（ラ・ムー）を作るので、その中心メンバーとして仕切ってほしいという依頼も受けていたが、ユニコーンを選んだ。

「まあ、ユニコーンに入る時は、もう……流れでそうさせられちゃった感があります（笑）。入らなきゃいけないような雰囲気を醸し出してましたね、周りはみんな。笹路さんも含め。で、なんか、民生くんが人見知りで、『民生も阿部がいいって言ってる。民生がいいって言うのは珍しいんだ！』みたいなことも言われて。これはもう入らなきゃいけないんだなあ、みたいな。まあ、特に断る理由もないし、一応楽しいしね。メンバー同い歳ぐらいだしね、バンドが目指そうとしてるところ、やっぱり面白いと思ったし、内部事情も知ってるんで……まあ、押し切られたと。Ｏ型の人（川西）に押し切られたっていう（笑）」

という風にメンバーやスタッフに話を訊いていて、気がついたことがひとつあった。最終的に、満場一致で彼に加入をオファーしよう、ということになったわけだが、実際に彼がキーボードを弾いているところを見たことがある人は、どうやらひとりもいなかったらしい、ということだ。

『ＰＡＮＩＣ　ＡＴＴＡＣＫ』のレコーディング現場では、プロデューサー笹路のアシスタントとして音を作るなどの役目を果たしているが、実際に弾くのは笹路だ。他のアーティストのレコーディングでは、キーボード・プレイヤーとして呼ばれることも多かったが、その音源をメンバーがチェックして〝これならいける〟と判断した、というような話は、誰からも出てこなかった。

「そう言われれば、そうですね、実際にキーボードを弾いてるところは誰も見てないですね」と、市井。

「でも、全然反対意見はなかったですね。僕もいいと思ったし。それまでのレコーディングでコミュニケーションが取れていたので、そこで彼の技量もメンバーはわかっていたでしょうし。本格的に弾いてるところを見たことはなかったけど、レコーディングで笹路さんがアレンジされて、『こういう音（が欲しい）』って言うと、テキパキと作ってましたから、まったく問題ないだろうと。プレイヤーとしては、入ってから初めて見たんじゃなかったっけな」

ABEDON、「バンドマン転身」に戸惑う

ただ、ABEDONにとって、ロック・バンドに入る、バンドマンになる、というのは、同じプロのミュージシャンであっても、かなり〝違う業界に行く〟感じはあったようだ。

「やっぱりメンバーとなると……なんちゅうの？　取材やらなきゃいけないでしょ？　けっこう人前に晒されるでしょ？　タレント業っていうのはね。音楽とちょっと違う側面を持っているでしょう？　だから、どうしていいかわからないっていうか、やっぱり戸惑いましたよ。エイプリル・ミュージックに入るっていうので、先輩とかから『おまえ、芸能人になるのか？』って言われたりして（笑）」

スタジオ畑で育ってきたミュージシャンだから、というだけでなく、ABEDONはもともとバンドマン的なノリが皆無な考え方だったので、その違和感がさらに大きかったという。高校生の頃から、音楽で食っていくためにバンドを組んでプロを目指すというのは、とても効率の悪い方法だと思っていたそうだ。

「ライブハウスに出て、そこで力を持ってる人に、『もっとああしろ、こうしろ』と言われて……っ

ていうのを見て、〝これ、すごいステップを踏まなきゃいけないんだな〟と思って。まずここで気に入られて、枠を取って、お客さんを集めて、なおかつその先にまたオーディションみたいなのがあって。その筋の偉い人とお知り合いになって、親睦を深め、腕を磨きつつ、いつ世に出られるかわからないのに音楽生活を送っていくっていうのが、どうも割に合わないと思えて」

バンドをやってライブハウスに出たい、人前に立ちたい、人気者になりたい、というような気持ちはゼロで、職業として音楽をやるにはどうしたらよいかと考える少年、それがABEDONだったようだ。

「僕、シモキタ（下北沢）でライブをやったことがないんですよ。今はすごいやりたいと思うんだけど、当時シモキタで見てると、ライブが終わったあと、ファンの女の子とか友達とかがバンドにたかって楽しそうにやってるじゃないですか。あれが僕には要らなかったんですよね。そんなにモテたいんだったら、違うことでモテりゃいいし。それはだって、音楽の道とは違う道だから。音楽はもっと純粋なものなんですよね、僕の中で。もっと神聖な……〝ピアノを弾く前には手を洗いなさい〟とか〝鍵盤を拭きなさい〟とか、そういうのが子供の頃からあるわけですよ。だからそういう……モテたいっていう欲と、音楽に向かう姿勢っていうのが、別軸なんですね。だからちょっと抵抗があったっていうか」

そこでABEDONは、70年代から現在まで活躍するキーボーディストであり、この頃プロデューサー業も始めたばかりだった笹路正徳の名前を、ラウドネスのアルバムのクレジットで見つけ、その存在を知ることになる。

「あと、仕事となると組織で動くじゃないですか。そうなると、トップダウンが一番力が強いっていう認識があるんですよ。下で10回言ってもしょうがない、上に一発で届けばトップダウンで全員が動くっていう図式なんですよ、結局会社はね。だったら直で上と話して、自分が足りない部分はボロボロにされてもいいから、という。だからその〝上〟っていうのは、本当に成功していて、自分がぐうの音も出ないような知識を持っていたり、テクニックを持ってたり、理論を持ってたりする人に、何か言われるのは意味があるっていうことなんです。それで笹路さんのところに行ったんですよね」

ABEDONの「ユニコーン前夜」

という考えだった、しかしなんのツテもルートもなかったABEDONは、笹路が音楽専門学校で講師をしていることを知り、入学する。

「でも笹路さん、授業しに来ないんですよね。仕事が忙しいから。そこもまたいいなと思って。忙しいよね、いちいち来るような先生ダメよね（笑）、って自分で納得しながらね。まあ、いつか会えるだろうと思ってて、最初に来たのが入学して3ヵ月後（笑）。それで笹路さんに、忙しいスタジオワークに連れて行ってほしいとお願いしたんです。アシスタントでも楽器運びでも何でもいいから、とにかく現場に行く機会がほしい。だから連れていっていただけたら助かります、みたいな。『おカネもいらないんで！』って。それ以上のものがあると思ったんで、『タダでいいからお願いします』って言ったら、『じゃあ今からスタジオあるから来るか？』っていうことで、そのままBMWに乗って（笑）」

そこから毎日笹路とともに、あちこちのスタジオに行く生活が始まる。そのまま学校は中退。とにかく笹路が本当に忙しく、毎日スタジオ仕事が入っていたので、学校に行く暇などなかったという。

「でも、ただ連れてってもらうっていうだけだと、周りから見える肩書としては、ローディだったと思うんです。楽器を搬入して、セッティングして、あとはロビーで待ってるっていう状態なんですよね。そうすると、一番肝心なところが抜けてるんですよ。スタジオでどんな作業をするかが見たいのに、中に入れないんで。入るためにはどうすればいいんだろうって考えて、『マニピュレートをやりたい』っていうことを笹路さんに言ったんですよね。当時、打ち込みというのがまだ確立してない時代で。まだスタジオにコンピューターがなくて、ＭＩＤＩが本当に出始めの頃なんで。それを知ってる人がいないし、みんな大御所だし、新しく覚えようなんていう気もさらさらないから。だから重宝がられたところもあると思うんですよ」

もちろん最初はマニュアルと首っぴき状態、笹路に「わからなくてもとにかく手は動かしとけ、何かやってるフリをしろ」と言われて、冷や汗をかきながら作業していたが、周囲もマニュピレートや打ち込みの知識がなかったため、〝やっぱり時間がかかるもんなんだなあ〟と思ってくれるので、なんとかごまかせていたという。

「だからもう必死に覚えました、コンピューターの知識を。まだ18歳なんで、どんどん頭に入ってきて。で、誰よりも速くプログラムを打つ、っていうのを毎日毎日毎日やって。そうするとスタジオの人がそれを見てるんで、『こっちでもやってくれない？　阿部、ちょっと借りるね』って違うスタジオに連れて行かれて、Ｓｙｎｃ信号とドンカマとベースのセッティングをしてまた戻ったり。度胸はつきましたね、現場自体が本当におっかないから。ＲＥＣの赤いボタンがブワーッて点くと、恐ろしくて。ヘタなことしゃべれないし、ヘマできないし、コンピューター頼りだから途中で止まっちゃ困るし。ビビりながらやってました。でも表情は変えちゃいけないっていう」

そのように経験を積んでいく中で、笹路がプロデュースしたラフィン・ノーズのレコーディングにピアノ、マニピュレートで参加するなど、笹路のアシスト以外の仕事も、徐々に増えていく。

「そういう風にスタジオを行ったり来たりしているうちに、なんとなく知り合いも増えていって。で、夜になると、同い歳のエンジニアのアシスタントが、テープレコーダーの練習とかしてるわけですよ。パンチインとか、マルチを切ってつなぐとか、ポン出しとか。それを見てて、『ちょっと俺にもやらしてくれ』とか。なんか……だから、いい時代ですよね」

そして、ユニコーンに出会う頃には、変わらず笹路のアシスタントでありながら、〝数え切れないくらい本当にいっぱい〟のバンドのレコーディングに参加してきた、マニピュレーター／キーボーディストになっていた。当時まだ22歳である。

第3章

『服部』のコンセプト

『服部』というタイトル

メンバー全員が歌詞を書き、曲を書き、歌うこと（※〝歌うこと〟に関しては、このアルバムでは5名中3名に留まったが、次の『ケダモノの嵐』で5名全員が実現）。ギターとベースとドラムとキーボードで演奏する、いわゆるロック・バンドのサウンド・フォーマットにとらわれず、とにかく自由にアイディアを詰め込むこと。〝ロック・バンドってこんな歌詞よね〟というセオリーを取っぱらい、〝これなら面白い〟、〝これなら恥ずかしくない〟歌詞を生む方法を探すこと――。

ユニコーンが『服部』で目指したことは、バンドの方針自体を、このように変えることだった。以下のテキストで、なぜそこを目指すようになったのか、メンバーや関係者の発言から明らかにしていきたいが、その前にひとつ。

そのユニコーンの変革を象徴的に表わしている『服部』というタイトルについてだ。〝思いついたのは民生〟という声はメンバーもスタッフも共通する記憶だった。なお、ABEDONの地元である山形の、昭和の時代の大実業家、服部敬雄からいただいたのではないか、という説も昔からあったので、民生とABEDONに確認したところ、二人とも「そんな人は知らん」という答えだった。

「僕が憶えてるのは、雑誌の撮影が終わった帰り、日比谷線の六本木駅で、民生とふたりでいた時に、『中田っち、次のアルバムのタイトル、〝服部〟にするつもりなんだよね』って言われて。『ええっ？なに〝服部〟って？』、『いや、〝服〟に〝部〟で〝服部〟ってヘンじゃん。そのヘンな感じがよくない？』みたいな話で。確かにそれは騒がしくなるな、話題になるな、と思いました。当時、メンバーの不満も感じていたし、このまま大人が敷いた路線を行ける状態じゃないから、『いっそのこと思いきってそういうのをやっちゃうのも手だよね』みたいな。そんな話をしたのを憶えてますね」

サード・アルバムに『服部』というタイトルが冠せられた件について、ＣＳＡ宣伝担当の中田研一は、そのように記憶している。中田は『服部』というタイトルを肯定的に受け止めたという口ぶりだが、この突飛なタイトルには、スタッフどころかメンバーも戸惑ったようだ。例えば、ＥＢＩ。

「もう、民生の中で、何かが降りてきたんでしょうね。突然『タイトルは〝服部〟で』と言われ、〝『服部』？　なにそれ〜〜？〟っていう（笑）。『〝はっとり〟っていう言葉のリズムがいい』とか言ってたけど。まあ、どうしても『服部』にしたかったらしいです。俺はその感覚、その良さっていうのは、まったくわからなかったんですけど、まあ、〝民生がそんなに言うならいいんじゃないですか〟っていう。〝おお、いいじゃん！〟っていう感じではなかった。だって〝人の名前じゃないの！〟って、ねえ？

なりますよね」

当の民生にとって、このアルバム・タイトルにおいて最も重要だったのは〝意味を消す〟ということだったらしい。

「『PANIC ATTACK』のツアーが終わった時に、『次はもう〝服部〟ぐらいのタイトルでいいんじゃないの？』とか言ってたのよ。〝PANIC ATTACK〟とか、考え抜いたみたいなタイトルじゃなくて、例えば〝服部〟とか、っていうような。だから〝山田〟でもよかったのよ（笑）。意味がなければいい、という」

そして、その『服部』に決定したことを、スタッフに正式にアナウンスした時のことを、メンバー内で唯一きちんと憶えていたのは、川西幸一だった。

「『PANIC ATTACK』ツアーの最終日（1988年1月19日、大阪厚生年金会館）の打ち上げで、大阪のうどん屋の2階かなんかだったと思うんだけど。ツアースタッフと東京から来たレーベルのスタッフ、ほとんど全員そこにいたんだよね。そこで4人でボソボソ話をして……『次のアルバムのタイトルを決めろ』って言われてたから、それまでいろいろ紆余曲折あった上で、『よし、じゃあ〝服部〟ね』って決まって。みんながワイワイしてるところで、『すみません！ 今メンバーで話をして、次のアルバム・タイトル決まりました！』、『おー！（拍手）決まったか！ なんですかー！』、『〝服部〟です！』、シーン……みたいな。その瞬間に俺は〝売れるな〟って思ったの。そこで全員の頭に〝？〟が浮かんだから。例えば『銀河のナントカ』ってタイトルだったら、〝ああ、そんな感じね〟ってイメージ湧くじゃん。『服部』って言われても音楽と結びつかないから、みんな〝どんな音楽？〟ってなったんだと思う。それって興味が湧くじゃん。その瞬間に俺は〝よし、やった〟って思ったんだよ。その段階では、曲はまだなんもないんだけど（笑）」

全員が詞曲を書く、ということ

ボーカルの奥田民生だけでなく、それ以外のメンバーも詞曲を書く、というのはファースト『BOOM』にもあったし、セカンドからは〝民生以外も歌う〟も加わった。つまり〝メンバー全員が歌詞を書き、曲を書く〟ことは以前からの方針だったわけだが、それをいっそう強力に推し進めたのが『服部』だ。民生が理想とするバンド像（ビートルズ）がそういうものだった、というのが大きな理由だとメンバーは言うが、本人は「でも最初から、俺が全部書くって決まってたわけじゃないし」と言う。

「だいたい俺、あとから入った人間ですからね。最初は俺の比率が高かったけど、『服部』から阿部が入って、笹路さんもまだいて、いろいろ習って……〝次はプロデューサーなしでもできるかな？〟とかいう頃ですよね。まさにあの辺で、それこそ印税の話になって。曲を作った人のほうが、儲かるんですよ。だから、『もっといいクルマが欲しければ、書きなさい』みたいな。そうやっていろんな人が作ったほうが、いろいろ広がるかなと。バンドとして、音の雰囲気を固めて良くなっていくっていうよりは、取っ散らかっていってもいいから、いろんなことをやってみたい、っていうほうが強かったんで。で、歌うことすら、別にひとりじゃなくてもいいんじゃないか、と」

セカンドの『ＰＡＮＩＣ ＡＴＴＡＣＫ』までで、ユニコーンは上昇気流に乗っていた。毎月大量に出続けている音楽専門誌の効果もあって、ライブの動員は激しく右肩上がり、次のアルバムの時期にはすでにすさまじい本数のホールツアーがブッキングされていた。ＣＤセールスもそれに引っぱられて上昇カーブを描き続けている。つまり、状況としては、〝ここで大きくバンドの路線を変える必要はなかった〟と見ることもできる。路線変更とかリニューアルというのは、普通うまくいっていないからやるわけで、〝順調な時にそれをやるのってむしろリスキーでは？〟という気もする。それでも「でも、こっちに行きたかったんだよね」と民生は言う。

「まあ1枚目はね、曲もマジメじゃないですか？　でもセカンドからすでにそんなことないでしょ？（ジャケットや写真の）画的にはまだマジメに見えるけど、聴いたらさ、もうダメじゃん（笑）？だから、まあ、いい流れなんじゃないですか？　まあ最初ぐらいはね、〝言われるとおりにやろう〟みたいなことだったんでしょうけど……というか、何も知らないですから、〝そうか、こういう感じかなあ〟ってやってたんだけど。でも、当時まわりに、他にもバンドがいっぱいいたりするじゃないですか。そういうのを見てるうちにね、〝普通にしてても目立たない、みんながこういう風な感じになってる中、違うほうがいいんじゃないかな〟とか。という感じでしたね」

そうなっていったのは、デビューからユニコーンのディレクターだった、河合誠一マイケルの存在もとても大きいと民生は言う。ジャズ・ドラマーとして上智大学在学中からザ・スクエアなどで活躍し、CBSソニーへ入社して大滝詠一のディレクターとなり、プリンセス・プリンセスをブレイクさせたこの人は——のちの章に出てくる本人の発言にも表われているが——相当に型破りで、相当にユニークで、相当な才能の持ち主だったようだ。続けて民生の発言。

「『服部』みたいな方向に行ったのは、まあ、最初からマイケルさんがいますから。まずあの人が、こういう方向の人なのよ、言ってみれば。それで、気持ち的にはみんなで一気にそっちに行く、みたいな。クレージーキャッツとか好きですしね、マイケルさん。で、そういう要素が入ったほうが、マジメにやってるだけよりはいいんじゃないか、と思ったんじゃないかね？　とにかくね、マイケルさんから学んだことは多かったよ。聴く音楽までね、〝こういうのがあるよ、知ってるか？〟みたいに教わって。ブラック・ミュージック的なものをまったく知らなかったのに、全部マイケルさんから教わりましたし。もともとロックの人じゃないのよね、マイケルさんは。ジャズだったり、ソウル・ミュージックだったり。だから、ロック・バンドの王道の形っていうのじゃなくても、誰も別に困らないというか……まあ、テッシーとか、今思うと、もうちょっと普通にしてたかったのかもしれないですけど（笑）。川西っつあんとかもね、ドラム職人でいるだけでいいと思ってたかもしれないですけどね。まあ今となってはね、そんなの、まったく微塵もないですけどね（笑）。ただ、要するに、メンバーじゃない人で、ひとりそんな人がいるっていうのが、ケンカにならない理由というか。モメないじゃない、メンバー内のことではないので。それで、自然にそういう方向になったんじゃないかかな」

その手島は〝全員が詞曲を書くこと〟について、プロデューサーの笹路正徳に言われたことが大きかったと語る。

「笹路さんと一緒に回ったツアーの時、新幹線で隣になってね。『俺はたくさんのバンドの結成から解散までを見ている。プロになってそこそこ行ってんのにモメる原因っていうのは、だいたいカネと女なんだよね』みたいな（笑）。あまりにも売れてくると、印税で所得に差がつくでしょ。そうなるとメンバー同士で遊びのレベルが変わってくる、と。そういうことをすごく言われたの。『作詞作曲は協力しながら全員でやったほうがいいよ』って。たぶんマイケルさんと笹路さんでそういう話をしてたんだろうね。だから笹路さん・マイケルさんは大きかったな、やっぱり。俺にとっては二大恩人。あの人たちがいなかったら、俺いないもん、今。あの人たちが厳しく言ってくれたから……すごいイヤだったよ、歌詞書いて持っていったら『ダメー』って言われるし。でもあの人たちがいたから〝あ、これじゃダメなんだ、もっとこういう方向なんだ〟っていうのがわかったから。それは本当、『服部』の辺りだね」

このタイミングではまだ異動前でユニコーンのマネージャーになっておらず、アルバムのタイトルが『服部』に決まった直後に就任した原田公一も、その少し前から『服部』というアイディアは聞いていたようだ。

「最初は〝アルバムに人格を持たせよう〟っていうことをテーマに始まって。それで、じゃあ名前をどうしようかっていう時に〝服部〟っていうワードが出てきて。〝フクベ〟と書いて〝ハットリ〟と読むのが面白いとか、〝服部〟って日本語だけど響きが面白い。〝服〟は〝ハッ〟って読まないし、〝部〟も〝トリ〟って読まないのに〝ハットリ〟って読むのが面白いって。それで「服部」という曲ができたりとか、「ハッタリ」という曲ができたりしていったんですね」

前代未聞であるがゆえの軋轢

当時……いや、今でもそうかもしれないが、この時にユニコーンが選んだ方向転換は、かなり常識破りであり、リスキーなものだ。先ほども書いたが、当時のユニコーンはうまくいっていて、ここで大きく路線を変えなければいけない理由は、特になかった。それを変える、しかも突拍子もない方向へ向かうって、どうなの?という声が、周囲から出ても不思議はない。しかし、メンバーに訊いても、マイケルや原田に訊いても、「別にそんなことなかった」という答えしか返ってこなかった。なぜか。そういう声は、マネージメントの宣伝担当・中田研一とレコード会社の宣伝担当・中村収が、まとめて食らっていたからだ。ということが、以下のふたりの言葉からわかる。

「セカンド・アルバムの『PANIC ATTACK』をリリースした時に、変なビデオを作ったんですね。「I'M A LOSER」と「ペケペケ」。当て振りのやつと、温泉で撮ってるやつ。その時、マイケルさんや原田さんが考えたのは、たぶん……当時、次にブレイクするのはジュンスカ(JUN SKY WALKER(S))、BUCK-TICK、ユニコーン、みたいなことを言われてたんですけど、その3つの中で、明らかに出遅れたんですよ(笑)。ジュンスカとBUCK-TICKに、一歩先を行かれた時に、〝じゃあユニコーンじゃなきゃできないことをMVにしたらどうか?〟というので作った「ペケペケ」がウケたんですね。メンバー個々のキャラ立ちがすごくいい、次のアルバムはそっちを極めよう、みたいな話になって。バラエティに富んでいて、ユニコーンじゃなきゃできないことが込められたアルバム。そっちの方向を選んだほうが、長い目で見て勝てるよねっていう話を、ブレストか何かでした記憶があります。でも、それを会社に持って帰って話したところ、けっこういろいろ言われた記憶もあります(笑)。宣伝の現場の人からすると、『ものすごいビジネスチャンスを失っている』というような言われ方をした記憶がありますね」(中村)

「やっぱり〝どうして?〟っていう反応はありましたね。〝なんでこんな急に変わっちゃうの? せっかくいい感じで来てるのに〟っていう。そこで今みたいな説明をするんですけど、『でもホントにそれでうまくいくの? 売れるの?』って言われて」(中田)

「もともと〝なぜ「Maybe blue」をシングルで切らなかったんだ〟っていう話までさかのぼり（笑）。ユニコーン、売り逃し感があったのに、これでまた売り逃すのか！　というような軋轢はすごくありましたね。宣伝の全国会議とか、ラジオ班の会議とか、紙班の会議とかで、プレゼンするじゃないですか。『ユニコーン、今度はこういうアルバムです』と。そうすると責められる。『なんでジャケットにメンバーが出ないんだ？』とか『このお爺さんは誰だ！』とか（笑）。わかってくれて楽しんでくれる人もいるんですけど、30代以上の中堅の方々は厳しかったですね。『今度こそ、ちゃんとテレビ出してやろうと思ったのに』って言われたりとかね」（中村）

「だからこれ、制作が決めたコンセプトなんですよ。僕らプロモーターとかマーケティングの人間からすると、〝えっ？〟っていうのはあって、そこにどうしても温度差は出ていたので。だから、僕らとしたら確信はないですよね。でも確かに面白いし、伸びてきた時にこういうことをやるのは、業界に一石を投じることではあるから、そこに期待するしかない。その期待感でプロモーションするっていう。〝これなら絶対いけるっしょ〟みたいな確信は、たぶん誰も持ってなかったと思います。どうなるか、答えが出るまでは、期待と不安にあふれてたんじゃないですかね」（中田）

第4章

原田公一マネージャー、登場

「元気な人ですよ、とにかく」（民生）

「『PANIC ATTACK』のタイミングでも、『服部』のような、メンバー全員が曲を書くっていう構想はあったんです。ただ、マネージメント的には、やっぱりボーカルは奥田民生で、っていう風に打ち出したかった。『PANIC ATTACK』のツアーの時、民生が何曲かギター弾くんですよ。それまでは弾いてなくて、それもマネージメント的には、〝えっ、弾いちゃうの？〟みたいなところがあったんですよ。それが、人事異動で原田さんが来てから、いろんなことが加速度的に自由になっていくんです。ユニコーンのマネージャーに決まって、メガネをピンクに替えてきて（笑）。あの口調で『ユニコーンをやるってことで、僕はピンクにしてきましたよー』。で、『恋人とも別れてきましたよー』（笑）。要は、〝ユニコーンのマネージメントを全開でやります〟っていうニュアンス。それで原田さん、最初のメンバーとのミーティングで、『じゃあアルバムを出して武道館まで行こう。それにはこうやって……』っていうロードマップを話して」

以上、そのタイミングでユニコーンのローディからマネージャーになった、鈴木銀二郎の証言。当時のスケジュールを見ると、その日は1988年2月4日、マックスタジオでのアルバム用プリプロの初日だったようだ。原田が異動でユニコーンの担当になる前から、〝面白い人だと思っていた〟と民生は言う。

「それまでは会社で会うくらいだけど、まあ、あんなんだから、目立つし。自分のデスクの横に自転車あったしね（笑）。そこに置かなくても！っていう。で、やっぱり原田さんになって変わったのが、（ローリング・）ストーンズとか好きじゃないですか、原田さん。自分の好きなことを俺らにやらせようとする、っていうのが、まずあるのよ。で、自分も楽しくなりたい、なんなら俺らを使ってキース（・リチャーズ）に会いたい、ぐらいの（笑）。でもそういう、好きなものを盛り上がってやるっていう力が、とにかく普通の人の何倍もある人なので。すごい仕事するというか、常に受け身にならずに、いろんなアイディアをどんどん持ってきてくれるし。元気な人ですよ、とにかく。衣装も全部原田さんが買ってくるようになってね。要は原田さん、買い物が好きだから、〝俺にやらせろ〟ってことなのよ（笑）。『原田さんがたくさん買い物したいだけなんでしょ。だいたい、これ、サイズ合いませんけど』、『ああ、そう。じゃあほかの若いバンドにあげるよ』とか（笑）。すごい経費使ってたらしい。まあ、バブルの頃だからね」

『服部』に限らず、これ以降のユニコーンの活動、さらにソロ奥田民生の活動においても、原田公一は極めて重要な存在になっていく。２００９年にユニコーンが再始動した時には、ＳＭＡの代表取締役になっていた。民生は言う。

「とにかく、音楽に対する愛情というか、それで動く速度だったりは、もう凄まじいから、原田さんは。そりゃみんな〝すごい人だ〟ってなると思うよ。原田さんが社長になった時に、たぶん全員が〝そりゃそうだ〟と思ったと思う。で、原田さんがやめる時（2015年にSMAを退任して、自身の会社『FREE』を設立）に、〝どうなるんか？　この会社〟っていう空気も、絶対ありましたから。〝全然違う会社になるんじゃないか？〟っていう。若いバンドとか、ビビり倒したんじゃない？　別に原田さんが作った会社じゃねえのに、原田さんが作った会社っぽくなってたからね」

楽しさがないと絶対にやっていけない（手島）

手島曰く「原田さんは空気の醸成がうまかった」。バンドという仕事、音楽という仕事に、チームとして楽しくポジティブに向き合えるような、場の作り方がうまかった、ということだ。それはユニコーンに限らず、ミュージシャンもスタッフも含めて、原田と仕事をしたことのある人なら、誰もが認めるところだ。

「やっぱり『服部』の頃から、スタッフも含めて〝仲良くやろうぜ〟っていう空気になってきたもんね。それは原田さんが入ったからだよ。例えばメンバーにスケジュールを渡すのも、いちいち原田さんのあの独特の字で、手書きで書いてきてね、コピーしてみんなに渡すような。そういう人って見てても楽しいわけよ、やっぱり。『今月来月のスケジュール、こうですよー！』みたいな。それまでは、事務所がメンバーの誰かとしか話してなくて、〝俺は知らされてないけど何か決まってる〟みたいなこともあったし。〝まあそういう世界なんだろう〟と思ってたけど、原田さんはみんなに公平に……例えばカセットテープに『ビルボードのトップ25入れといたから！』って配ってくれたり。とにかく音楽が好きっていうことだよね。いろんな情報を与えてくれたし、音楽やバンド活動の楽しさをわからせてくれた。今思うと、バンドに対しての教育なんだけど、プレイヤーとして教えるんじゃなくて……プレイヤーとして教えるのはマイケルさんとか笹路さんで、音楽をビジネスとしてやっていく上で、楽しさがないと絶対にやっていけない、ということを原田さんが教えてくれたんだよね。俺にとっては、まずマイケルさんと笹路さんが二大恩人だけど、音楽を世に出していくという意味でのエンタテインメント性というかね、娯楽性みたいなのを後押ししてくれたのは、原田さんで。『お客の前である程度のことしないとダメですよ、マジメなだけではダメですよ、カッコいいだけではダメですよ』ということを、教えてくれたというか。原田さんが率先して、楽屋でバカやったりとかね。グレープフルーツが切ってあって、中身を食って、皮がギザギザになってるのを『ハロウィンです！』って見せてくるんだもん。そんなことやるマネージャー、それまで会ったことなかったし。メンバー全員そうやけど、楽屋でゲラゲラ笑かしたもん勝ち、みたいなバンドじゃん、ユニコーンって。それが始まったのはこの頃だったね。原田さんが持ち込んだというか、その楽しさを教えてくれたんだろうね」

ユニコーンに加入することで、ユニコーンと共に事務所に所属することとなり、それまでスタジオの世界にいたのが、大げさに言うと「芸能界に入ったくらいのギャップがあった」というABEDONにとっても、原田の登場はとても大きかったという。

「そういう意味では、原田さんは救世主でしたね。原田さんが異動してきてロック色が強くなったというか。あと大きかったのが、ユニコーンに入って、メンバーとしてライブをやるようになったら、ファンからものすごいバッシングを受けることに、俺はびっくりして。〝入ったばっかりでまだ何もしてないのに、なんでこんなバッシング受けなきゃいけないんだ？〟みたいなことを思った気がするね。やっぱりファンっていうのは保守的なんだな、っていうのをそこで勉強したし。その時、もう原田さんがいたんですね。原田さんは僕に『もう笹路さんの弟子じゃないんだぞ』っていうことを、ずっと言ってくれていて、それが僕の中ではすごく助かっていて。だからそこで、自分の中で、〝バンドのメンバーがひとり変わったんだから、バンドが変わらなきゃおかしい〟っていうことにしたんです。

だから〝変わって良し、変わらなかったら俺がいる意味がないし、俺がここにいるっていうことは、バンドを変えなきゃいけないんだ。誰になんと言われようが関係なく、良かろうが悪かろうが、変わらなきゃダメだ〟っていうことを決心したんですよね。で、当時バンドブームでいろんなバンドがいたんで、とりあえず思い切ったことをやろう、と。誰もやらないようなことを……鍵盤の置き方も変な形にしようとか、イントレに登っちゃえとか、客席に飛び込もうとか、キーボード持ったまま突っ込んでしまえ、とか。そんなことを原田さんが全面的にバックアップしてくれたんですよね。『こうやりたいんだ』って言うと……普通は止められるんですけど、『やれやれ！』って。そういう性格じゃないですか、原田さんね。面白がってくれたんですよね。それで、僕も原田さんもお互い楽しめたし、それによってバンドにインパクトがついたとも思うし」

「マイケルさんも相当な人だけど、そこに原田さんが加わったわけですから。それはすごいですよね」

とＥＢＩは振り返る。

「ノリが良かったですよ、制作チームも、あと宣伝チームも。みんな一丸となって、同じ方向に向かってる感じで、優秀なスタッフに囲まれてるな、っていう……今思えばね。当時はそんなことわからなかったけど。でも、今思うとみんなまだ若いんですよね。若かったけど、みんな優秀だったなって思います。あんな人たち、今、いないですもん……それ言っちゃダメか（笑）。でも、すごく恵まれていましたよね」

バンドは、メンバーに個性がなきゃダメだ

原田公一は、１９７７年に南佳孝のマネージャーとしてキャリアをスタート、１９７９年に南佳孝と共にエイプリル・ミュージック（後にＣＳＡ→ＳＭＡと社名変更）に移籍。以降ずっと彼のマネージャーを務めてきたが、１９８９年１月に異動、ユニコーンのマネージャーになった。

ここからは、一問一答形式で、原田に当時を振り返ってもらった会話。

――原田さんがマネージャーになったのが、1989年1月30日で。

「うん。昭和天皇が亡くなられたのが１月７日で、そのあとですね。世の中が暗い感じだったのを憶えてるわ」

——それ以前は、メンバーと接点は？

「南佳孝さんのマネージャーをずっとやってたから、東銀座の音響ハウスで佳孝さんのレコーディングをやってる時に、ユニコーンもいて。ロビーにモヒカンのおじさんがいて（笑）、『どうしてモヒカンにしちゃったの？』って話をしたりとか、音楽の話をしたりとか。だから最初に話したのは川西さんだね。あと、マイケルが、僕と同じ早稲田のアパートに住んでいて。そこ、爆風スランプのサンプラザ中野が住んでたりとか、僕の下の部屋がユーミンのマネージャーだったりとか、音楽アパートだったんですよ。そのマイケルの部屋に奥田くんがよく遊びに来ていて、いろいろ曲を聴かせたりしてるっていうのは、マイケルから聞いて知ってたの。だから、ユニコーンがどういうバンドかっていうのは知っていたけど、音響ハウスでチラッと話したくらいしか憶えてない」

——ライブを観たことは？

「同じ事務所だし、佳孝さんチームの舞台監督のミック井上さんという人が、ユニコーンもやっていたので。だから日本青年館（1988年6月）も行ったし、インクスティック芝浦（1988年1月）も観てる。渋公も行ったし……ああ、じゃあけっこう観てたんだな」

――どんな印象でした？

「やっぱりビートバンドっぽい感じは受けてましたね。でも、井上さんから、ひとクセ、ふたクセ、三クセありそうなバンドだっていうのは聞いてたし、日本青年館、お客さんを全部座らせて、『PANIC ATTACK』を曲順どおりにやってたでしょ。そういうのとか、面白いなと思いました」

――で、異動になって、〝自分がマネージャーをやるならユニコーンをこういう風にしたい〟みたいなビジョンはありました？

「いや、それまでバンドのマネージャーは、やったことなかったから。大学の途中から佳孝さんのマネージャーになって、ずっとそのままだったので。ただ、当然、自分の思い描くバンドは、メンバーに個性がなきゃダメだっていうのはあったけど。外から見るとね、なんとなく『奥田民生&ユニコーン』みたいな感じはしていて。それはイヤだっていう声も、メンバーから感じたのかもしれないけど、ビートルズとかストーンズみたいに、それぞれがみんな……ビートルズでもストーンズでも、全員メンバーの名前言えるじゃないですか。それと同じようにしたいなと思ったし。ということは個性を立たせなきゃいけないから、みんな曲書いて、みんな詞を書いて、みんないろんな楽器ができて、っていう風になってほしいというのは、最初からありましたね。だからこの頃、自分の好きな曲をカセットに入れてメンバーにあげたりしてたもんね。〝今こういうの流行ってるよ〟って」

――その、みんなが曲を書いてみんなが歌うっていうのは、メンバーの中では民生さんが率先して？

「そうだと思う。で、そういう風になっていくのは、僕は賛成だったから。あと、最初にマネージャーになってさ、バンドの方針をいきなりバンバン変えられるわけないじゃん。僕は受け入れられたいからさ、その時バンドに起きてることに従っていって、徐々に……っていう。そうだったと思うよ、きっと」

FROM EDITORS

■はじめまして。僕が新マネージャーの原田公一（はらだ・きみかず）です。人は、HEY MAN原田とかGH（ゲーハー）原田とか呼びますが、僕には一体何のことだか判りません。1954年5月9日生まれの34歳。おうし座・B型のハゲ・デブ・メガネの三重苦です。今年の1月30日までは、南佳孝というアダルトなArtistのマネージャーを12年間もやってきました。キミたちも、機会があれば彼の『冒険王』とか「7th Ave.So.」のCDを聴いてみて下さい。しっとりと憂いのある禁断の大人の世界が覗けます。僕はルックスに比べては、若いハート♥を持っていると自分では思っていて、洋楽大好き人間です。友達には、同郷のUP-BEATの広石、サザンの毛ガニ（学生の頃、僕らは貧乏だったので一緒に住んだこともあった）、PSY・Sの二人、作詞家の松本隆さん、あとカメラマンとか小説家とかDJとか無限∞。これからは、この人脈をどんどんUNICORNのプラスになるように、役立てていきたいものです。しかし目茶苦茶忙しいのです、このひと月半は。市井君との引き継ぎ、南佳孝関係の引き継ぎもそこそこに、合宿リハーサル、大量なる取材、VTR撮影、合宿レコーディング、ラジオのレギュラー、ツアースタッフを編成、ツアー用物販アイテムの制作、そしてこの会報作りと毎日が発狂の日々。でも楽しんでます。何故ならばメンバーが最高にイカシてるからです。異動前、同じCSAの中で顔は合わせてたけど、実際中に入ってみると実にホノボノとしていて病みつきになりそうです。しかも深～い。まだまだ馴れない僕ですが、UNICORNと応援してくれる君たちのためにもがんばります。FAN CLUBも正式に動き出して日が浅いので、不満もたくさんあるでしょうが、ちょっとだけガマンして下さい。せっかく高いお金を出して入会したんだから、どんどんコミュニケーションしましょう。キミたちからのメッセージを待っています。

―Be Cool,and Kids,are you all right？―

▲日本のフィル・コリンズ

ファンクラブ会報No.3に初登場し、自己紹介をする原田公一マネージャー。インパクト十分のルックスはもちろん、自身で「日本のフィル・コリンズ」とキャプションをつけてしまうあたり、最初から飛ばしている。

――当時のバンドブームの中にあってユニコーンをマネージメントしていく上で、考えたことがそれだった、というのもありました？

「まあ、そういうブームが起きてるんだったら、当然……ＰＵＦＦＹの時もそうだったんだけど、人と同じことをやらないようにする。その、今起きてることと逆のことをやればいいんだと思ったから。まあ、オリジナリティを持つってことですよね。ブームが起きてるっていうんだったら、絶対その中に入っちゃダメだと思うからね、僕は。という意味でも、ユニコーンがそういう方向に進んでいくのは、いいと思ったしね」

第5章

メンバーが語る『服部』の制作

1989年1月31日、マネージメント内の人事異動により、原田公一がマネージャーに就任、『服部』リリースからツアー、日本武道館までのロードマップの構想を、ミーティングでメンバーと共有する。

2月4・5日の渋谷マックスタジオでアルバム用のプリプロを経て、6日から11日まで八ヶ岳のスタジオピープルでプリプロ合宿。20日から観音崎マリンスタジオでベーシック・トラックの録音がスタートする。25日にツアーパンフ用の撮影のため東京に戻ったのを除き、28日まで観音崎でレコーディング。3月2日から27日まで、音響ハウス~テイクワン~サウンドアトリエ~とスタジオを移りつつ、さらに合間にジャケット撮影や雑誌取材やレギュラーのラジオの収録などを行ないながら、レコーディングを続行。

同時期に、別のスタジオで、「大迷惑」や「ハッタリ」のオーケストラのレコーディングも行なっている。で、すべてのレコーディングが終わった翌日の3月28日には、戸田市民会館を借りて「大迷惑」のミュージックビデオのシューティングを決行――。

という『服部』の実際の制作過程を追うこの章は、メンバーひとりずつのインタビューで構成した。メンバーそれぞれで内容が食い違ったりしていることに関しては、〝なんせ30年も前のことなので記憶が曖昧〟、〝記憶が確かであっても、当時現場で感じたことや考えたことなどから、記憶したことが人によって異なるのは当然〟という観点から、変に揃えたり辻褄を合わせたりせず、そのままの形で残している。

ABEDON

自分が前に出て何かするんじゃなくて、誰かが言ったことを集めてきて、みんなが納得するように楽曲をまとめあげるのが俺なんだろうな、って思ってた。

――ABEDONにとっては、メンバーとして最初のレコーディングだったわけですけれども。

「『服部』のレコーディング中は、正直言ってね、僕的には立ち位置がわからなかったので……アーティストと、レコーディングのスタジオ作業に関わるスタッフの立ち位置は、違うじゃないですか。どうしていいかちょっとわからなくて、〝俺はどっちに行ったらいいんだろう〟ってモタモタモタモタしてた気がするね。あっちにも行きたいし、でもこっちにもいなきゃっていう……で、こっちで真剣にやってると『取材です』とか言われて、そっちに行かなきゃいけなかったりとか。〝俺はどっちに行くのよ?〟っていうような感じがありましたね」

——バンド内での立ち位置は?

「バンド内での立ち位置もよくわからなかった。それにレコーディングの途中で気がついて、自分の居場所みたいなのを確保しなきゃいけないな、と思ったんですよね。このバンドとこのレコーディング、曲を作るというクリエイティブな場所の、間を取り持つ……なんていうの、司令塔にならなきゃいけないんだ、と思ったの。それを確立していくのがおそらく自分の役目、立ち位置になるんだろうなっていうのを途中で意識しましたね。そこに行くべきだなって」

——自分が求められているのはそこだと?

「求められているかどうかは知らんけど、〝俺はたぶんそこしか行けないな〟と。アーティストになりきれないし、スタッフになりたくてもアーティストのほうにも呼ばれるし。その間を取り持っていく……なんちゅうの、船だったら舵取りというか、俯瞰で上から見て右とか左とか指示する役に、おそらくならなきゃいけないのかなっていう立場。それは鍵盤っていう楽器の性質上もあってね。それから、当時譜面を書けるのは僕しかいなかったんで、やっぱり進行をやらなきゃいけないわけじゃないですか。例えば民生くんが言ったものをみんなに伝えるのに譜面にしてあげると、結局視線が僕に集中するでしょ。それをまず自覚したのと……『PANIC ATTACK』の時に、僕が民生くんの遊び相手みたいになってたんですよね。民生くんが、〝こうやりたいんだ〟っていうのを具体化する人がいなかったんですよ。それを〝この音ね〟、〝こういうコード進行ね〟とか、そういうのを遊びながらやってた気がするんですよね。その延長が『服部』になったという感じでもあった。そうすると、自ずと僕がやらなきゃいけない仕事も増えてきて、民生くんからアイディアもどんどん出てきて。それに具体的にどうすればいいのかっていうのも考え始めて。そこになおかつ火に油を注ぐ原田さんとマイケルさんがいて、パフォーマンスも底上げされていって……っていうイメージかな。それで、だんだん他のメンバーも〝意外と面白いね〟っていう風になってくるっていうか」

――でもそれ、バンドに入ったばかりにしては、やることいっぱいありますよね。

「だからすごい辛かったです、最初。辛いですよ。辛いけど、まあ若かったからできたんじゃないですか？　今は絶対やらないけどね。今だったら〝いや、おまえたち、勝手にやってくれよ〟って言いますよ（笑）。でも当時は……なんか熱いんでね。変な使命感みたいなのがあったんじゃないですかね。〝俺がやんなきゃ！〟みたいな。若かったですよ」

――メンバーみんな詞曲を書く、奥田民生以外のメンバーも歌う、というのは――。

「それも民生くんでしょうね。いろんな人が曲を書いて歌うっていうのは、おそらく民生くんの中のバンド観っていうのが、そうだと思うんですよね。それを実現する、サポートするのが僕の役目だと思ってたんです」

――民生さんが「俺だけじゃなくてみんな書こうよ」と？

「たぶん〝書け〟って言ってたと思うね」

――そしたら「阿部も書け、歌え」と？

「まあなんとなく流れでね。〝おまえはいいのかよ？〟みたいに言われたら僕も困るんで、まあしかたなく、〝1曲くらい書いてみるか〟みたいなことだったと思うんですけど。やっぱり彼のバックボーンにビートルズがあると思うんですよね。メンバーそれぞれキャラクターがあって、それぞれの楽曲が刺激し合う。ずっと書く人がひとりだと……ビートルズってジョンとポールがいるでしょ？　〝ジョンになりたいんだけど、ずっとポールだって言われ続けるのがイヤだ〟って当時言ってましたもんね。誰か対になる、曲を書く人がいなきゃダメなんだなっていう風には思ってたけど、かといって急に書けるわけでもないんでね。まあ、1曲は書きましたけどね」

——音楽的に、フル・オーケストラ、ラテン、ダブとか、当時のロック・バンドがやらないような音が山ほど入ってるじゃないですか。あれは現場で思いついていった感じだったんですか？

「そうだね、やっぱり……遊びなんで、声が大きい人が勝つんですよ（笑）。だから〝入れたい！〟って言った人が入れる、みたいな。だけどそれが良くなかったら〝え〜？〟みたいなことになるでしょう？　だから、良くするにはどうすればいいか考えるっていう。非常に健全ですよね」

——例えばEBIさん作詞・作曲の「君達は天使」は、サンバで始まってサビでいきなりギター・サウンドに変わりますよね。ああいうのは？

「ああいうのも合宿でアレンジができてると思う。パーカッションを入れたのは、たぶんマイケルさんの影響だと思うんですよね。マイケルさんも合宿に来てたから。でもその……おそらく、フラストレーションが溜まってるっていうバンドの状況もあったんじゃない？　〝こんなにいろんな音をやって、これロックじゃなくない？〟みたいな感じもあったんじゃないかな。いろいろなメンバーがいるから……だから、そこを組み合わせるのが俺の技よ（笑）。いちいちそれを拾うのが僕の役割なんだろうなと思ったの。自分が前に出て何かするんじゃなくて、誰かが言ったことを集めてきて、みんなが納得するように楽曲をまとめあげるのが俺なんだろうな、って思ってた。だからあの曲みたいなおかしな構成になったりするわけですよ（笑）」

――例えば「デーゲーム」が、インド音楽みたいなアレンジだったりするのも――。

「そうそう、「デーゲーム」にしても、基本は非常にシンプルな弾き語りっぽい曲だったわけですよ。でもそれだけだと、やっぱりボツにせざるを得ないんですよ。この個性揃いの曲の中で、どうにかしてこの曲に個性を持たせないと、外れちゃうわけですよ。ボツにしないであげたいじゃないですか。そのためにはどうすればいいかっていうことで頭をひねるわけです。自分はそういう役割だと思ってて。当時カラムーチョとかカルビーエスニカンとか、辛いお菓子が流行ってたでしょ。それが〝♪エースーニーカーンー〟っていうCMソングだったのね、インドっぽいフレーズで。それを聴いて〝あ、これを引っぱってこようかな〟と思って。でも、インド音楽をそんなに知らないから雰囲気だけを持ってそこに挑むわけですよ、持ってる楽器で。だからやっぱりそこでおかしなことが起きて、面白いことになるっていうか、そっから個性が出るっていうか」

――そうか、ちゃんとできていないのが面白くなる。

「そうそう。だから、そういうおかしなことを考えるっていうのを、いつもしてましたね。ずっとヒントを集めてたっていうか。そういうテーマがないと、この曲はたぶんボツになってたと思うんですよ」

――「いい曲じゃん」だけではダメだと。

「やっぱりね、〝なんか歌詞おかしいね、これ〟とか、何か個性がないと……っていうところにハードルが上がったっちゃ、上がったよね」

――「人生は上々だ」も、ドラムが生じゃなくてヤオヤ（ローランドのリズムマシンTR-808）なの、当時びっくりしました。〝なんで？〟という。

「そうだね、生のドラムでやると普通だったもんね。それだと面白くないんでね、このラインナップには入らない」

――後半、どんどん転調してキーが上がっていきますしね。

「あれは、当時民生くんが転調っていうものにすごく興味を持ってたんじゃないですか？『ここの曲のここ、なんでカッコいいのかね？』、『これね、ここで転調してっからなんだよな』とかポロッと言うじゃん？　そうすっと『転調とは何だ？』みたいな話になるわけですよ。で、『ここに転調するためには、このコードに行かなきゃいけないのか』とか、実際に探ってみたりしてるわけですね。そういう風に、新しいことをどんどん言ってくるもんだから、それを具体的にするのも面白いでしょう？　だから相乗効果があって」

――例えば民生さん以外のメンバーが、そういうことを言い出すケースもあった？

「それに反対することはあったね。これ、今だから言っていいと思うけど、例えば「ペケペケ」のコーラスで〝ユー、アー、くまちゃん〟って入ってるでしょ。ああいうどうでもいい歌詞を乗っけるのを非常に拒んでた人もいたんですよね。まあバンドマンだからね、〝やりたくないんだよね〟みたいな声が、沸々とくるわけですよ。そこを僕がどうやってＯＫにさせるか、それも汲んで具体的に形にするのが仕事なんで、みたいな」

――バチバチしてたんですね。

「そりゃバンドだから、しますよ」

――そのシリアスなバンドマンな感じが、柔軟になったのっていつからなんですか？

「……わかんない……いつだろう……やっぱり、解散する前はなかったんじゃないですか？　ある程度セールスが出て、認められて、生活が成り立ってるので、まあやるけれども、根本的なところでは、やっぱりどっか引っかかってたと思うね。だから解散したと思うんだよ。最後の解散間際は、もう制御が効かない状態になってたし、どうにも手がつけられない……まあ、それぞれが成長していったからね。まだ『服部』当時はやることなすことが新鮮なんで、やってたんだと思うけど、それ以降でだんだん自我というかアーティストとしての個が確立していくと、もう止められないですよね。だからもう……僕はそこまではどうしてもまとめられなかった、っていうのはあるんでしょうね。でもやっぱり再始動後は違うから。そっからじゃないですか、その問題がなくなったのは。今のほうが全っ然楽しいもの！（笑）」

――さっき話に出た、このアルバム唯一のＡＢＥＤＯＮ作詞作曲の「逆光」についてうかがいたいんですけども――。

「いいよ、僕の曲はどうでも」

――シリアスな曲で、おかしなことをしていない、という意味で際立っていますけども。

「どうしていいかわからなかったからね。曲、とりあえず書いたけど……自分の曲をなんとかしようっていうイメージがなかったですね。いじろうっていう気持ちがない。俺、いじる側だから！逆に誰かいじってよ！みたいな（笑）。誰もいじらないからさあ。もっとめちゃくちゃにしてくんねえかな、とか思ったんだけど、だからって自分のものを自分でいじるって、意味わからなくない？（笑）まあ、それでこうなったんですけども」

――「人生は上々だ」は一部作詞、そして初のリードボーカルを――。

「これも、リハでたまたま歌う人がいなかったから、みたいなことだと思うんですよね。最初はみんなで手分けして、アレンジやらなんやら手探りでやってるんで、歌う人が僕しかいなかった、みたいなところだと思うんですけどね。〝これは阿部くんに歌ってもらおう！〟みたいなことはないっすよ。流れですよね、ただ。でも、結果ものすごい曲になってるもんね、これ（笑）。恐ろしいことになってる、ライブで」

――何十年にもわたって、ライブのハイライトになってしまった。

「ほんとに！　結果ねえ？」

EBI

こういうアルバムができて、こういうバンドになって、一番大きかったのは、戸惑いですよ。

――まずEBIさんは『BOOOM』で「Limbo」と「Alone Together」の2曲を書いてますよね。あと、ボーカルは『PANIC ATTACK』から――。

「はい、「ペケペケ」で。それはもう1枚目のレコーディングに入る前に、〝曲をみんなで書けたらいいね〟っていうことだったんですよね。で、書いてみたんですよね。僕が書いてるってことは、絶対〝みんなで書こう〟っていう話になってると思います。その時にね、他のメンバーが曲を出したかどうかっていうのは、ちょっと憶えてないんですけどね」

――「みんな歌おうよ」は？

「歌おうはねぇ……うーん……まあそれは、のちに、じゃないですかね。当初からはなかったと思いますね。「ペケペケ」も、僕が作った曲じゃないし。あれ民生の曲で。民生がAメロを書いてる時に、ここは僕が歌うっていうのが、もうあったみたいなんで。それで〝ああ、はーい〟みたいな」

――『服部』からサウンドが広がりますよね。ラテンが入ったり、レゲエが入ったり、いわゆるロック・バンドのフォーマットにはない音が増えて……。

「はいはい」

――それに戸惑ったところはありました？

「そうですね。だってそんなの、やったことないですから（笑）。みんなそうですよ、メンバーみんなやったことないですから」

――特にEBIさんはパンクだし。〝え、これ、俺がやるの？〟という感じ？

「そうですね。僕はわりと凝り固まってたほうじゃないでしょうかね。そういうジャンルというか、わりとビートの効いたロックをやってたので、レゲエとかは……レゲエ好きですけどね、〝こういうのやるんだ？〟っていう……もういろんなものが出てきて、ねえ？　大変だなと思いましたけどね、やるほうは」

――**それはまあ意見も分かれますよね。**

「やっぱりそうなりますよね、これが転機ですから、バンドとしての。それはもう、なんて言うんでしょうね、そういう……」

――**ぶつかり合い？**

「ぶつかり、反発みたいな。何かを新しくしようとしたら、やっぱり、ありますよ。煙くらいは立ちますよね（笑）。まあ戸惑いもありながらの、でもバンドですし、一番バンドの核の人がやりたいっていうことは、それはやらなきゃいけないなと思いましたね。で、まあ、やっていくうちに……メンバーも成長していくしね。ひとつの方向ではなくて、曲にはいろんな角度があるんだよっていう。勉強ですよ」

――**やっていくうちに楽しくはなっていった？**

「うーん、楽しくねえ……そうねえ……どうでしょうねえ。うーん……楽しいまでは、いけてないかもしれないですね。やっぱり技術的な問題もあるし、もともとそういうのが好きでやっているわけではないですから。やっぱり勉強ですよね、ひとつひとつ覚えて」

――また、やったことがないようなプレイでも、曲を書くことも、「できません」では許されないっていう。

「（笑）許されないまでは言わないけど、やっぱり〝できるようにしようよ〟っていう。まあ、口に出しては言わないですけど、そういう空気がどうしてもね、ありますよね」

――レコーディング前の合宿で、曲のアレンジや展開を詰めたんですか。

「そうですね、デモテープでだいたいできてる曲もあります……民生の曲はそうですけど、ほかは曲によってはアレンジを詰めるというか。「デーゲーム」とかは、大きくアレンジを変えて良くなった曲ですね……。あ、そうだ、「君達は天使」も僕の曲ですけど、僕、けっこうたくさん曲を書いて、その合わせ技みたいになった曲です（笑）、これは」

――で、アレンジや構成を考えて。やったこともないようなプレイをたくさん……。

「(曲目を見ながら)いや、さっきそう言ったけど、今改めて曲名を見てみると、そうでもないですね、こんなのは。さほどまだまだ」

――ああ、これ以降の『ケダモノの嵐』とかのほうがもっとすごかった?

「うん、たぶん、後半のほうがきついんじゃないですかね。『服部』はまだ〝どうしようかな、これ〟って思った曲は、ないんじゃないでしょうかね。ただ、みんな曲を書き始めてますから、いろんな曲が増えて、バラエティに富んでいるので、〝ジャンルに縛られなくなるな〟っていう予感というか。「ペーター」のようなジャズっぽいのとか、シャッフルとか、レゲエとか、ラテン系とか……僕の得意なのは、「おかしな2人」とか「大迷惑」とかね、ああいう速いビートの効いたやつですけど、やっぱりそれだけじゃなくて、〝本当にいろんな曲が出てきたなー!〟っていうことでしょうかね」

――EBIさんが書いた2曲についてうかがいたいんですけれども。まず「ペーター」、どんな風に思いついたか憶えてます?

「これは、あのイントロのフレーズからです。何かヒントがあって、そこから作りますから、僕は。

みんなもそうかもしれないですけど。だから、そのフレーズが浮かんだら、そっからどう展開するかなあ、どんなメロディが合うかなあ、って考えて作りますね」

――曲出しでバンドに持っていった時は、どんな感じでした？

「あのリフを、ちっちゃいコルグのキーボードで弾いてたんですね。音色がいろいろあって、気持ち悪い音にして弾いてたんです、デモで。それがなんかウケたみたいで、アレンジとかも気持ち悪い曲に（笑）。間奏とかも気持ち悪いでしょ？　歌も、最後の〝♪永久に〜〟とか、もうメロディが気持ち悪いもん（笑）」

――あと、アルバム・クレジットを見ると、「ジゴロ」を歌った子供の名前、〝ペーター〟になってるんですね。だから彼のことを歌った歌なのかなと。

「あっはっは！　違うでしょ！　違うと思いますけど！　この曲があったから、子供の名前を「ペーター」にしただけじゃないですか？　〝ジゴロくん〟じゃかわいそうでしょ（笑）」

――では「君達は天使」。さっきの話だと、ＥＢＩさんが書いてきた曲を何曲かくっつけたという。

「たぶん。僕の知らないところで、くっついてましたね（笑）。2曲か3曲が。この曲もやっぱりフレーズから作った。フレーズを思いついて、じゃあどういう風な曲になるのかなって、探り探りですね、僕の場合は。そういう小さなヒントがあってそこから膨らませるので。〝じゃあラテンの曲やりましょう〟って作ったわけでもないし」

――当時の『キーボード・マガジン』で、ABEDONがこの曲の裏話をしていて。「君達は天使」の時は、コードをつけるのはABEDONの役目で。スタジオが1階2階になっていて、2階で民生さんとコードをつけていて、サビをサンバで作ったんだけど、同時に1階ではEBIさん、手島さん、川西さんがハードロックなアレンジで作っていたのでそれをくっつけた、だからサビになるといきなり変わるっていう。

「うわあー。いい話が出ましたね！　憶えてなかった（笑）。でも、そう、だからコードの行き方とかも、僕が作ってたデモのコード進行とは違う。最初の半音展開で上がったりするのは、たぶん自分ではやってなかったと思う。そうやってバンドでコードをつけていったり、リズムを考えたりとか。だから、僕の曲とかは、みんなで力を合わせて作った感じがありますね、こうして考えるとね。やっぱり今聴き直すと、どの曲も素晴らしいアレンジだし。豪華じゃない？　今と比べて」

――素晴らしいです。どうかしてます。

「どうかしてる！（笑）ホントに凝ってるし、熱が違いますよね。アレンジが、気合いが入りすぎて……ものすごくマジメに作ってる」

――今のユニコーンのほうがシンプルですね。

「余計なことしないですね、今は」

――完成した時、どんなことを感じたか、思い出していただけますか？

「いやいや、まだ……なんて言うんでしょう、先も見えないし、〝どうなるんだろうな？〟っていう感じでしたねえ」

――このアルバムが成功するかどうかなんて、作った時点ではわからなかったから？

「まあそう……なんですけど、僕がだいたいね、成功したいっていう欲とか、まったくなかったから。今、目の前にあることだけをやってたので。ただ現実的に目の前にこういうアルバムができて、こういうバンドになったわけですから。だから一番大きかったのは、戸惑いですよ。戸惑いです」

――〝すごいのできた！〟って感じじゃないんですね。

「そう。だってこんなことやってるバンド、他にいないわけだし。僕はもう本当、戸惑いでしたね。でも、今思うと、やっぱりそれまでの状況が良かったんでしょうね。これが最終的な……もし『このアルバムで勝負だよ』とか言われたら考えるでしょうね（笑）。〝これでダメだったら終わりだよ〟っていう状況だったら、これは賭けでしょうね。でもそういうのはなかったので。ライブもお客さん来てくれたし、アゲアゲな状態ですよね、メンバーも。だから、もしかしたら〝なんでもいけるんじゃないの〟っていうか、〝俺ら何やってもいいんじゃないかな〟ぐらいの。どう受け入れられるかなんていうのは、僕はまったく考えてなかった。ただ、音楽的な部分で広がった分、自分のポテンシャルを広げていかなきゃいけなくなりますからね。大変だなあ……っていう。好きなことやってるだけじゃダメだよ、っていうことですよ、これは。啓示ですよね。音楽っていうのは幅広くていろんな楽しみ方があるんだよ、っていうことを、僕が教えてもらったアルバムでしょうね」

――現在『百が如く』ツアーで、『服部』の曲をメドレーにして演奏してますよね。どんな気持ちになります？

「うーん……アレンジが細かい、やっぱり。そして、それがそんなに有効じゃない、っていう（笑）。

いろいろやってるけど、ちょっと小賢しいぐらいだなあ、っていうか。だから今は、ライブでは〝若いなあ〟と思いながらやってますよ。〝昔はこんなこともやってたんだ、今じゃやらないよなあ、構成とかすごいめんどくさいし……〟とかね。この次のアルバムだけど、「働く男」とかね、自分で自分にトラップかけてるみたいな構成じゃないですか。そういったところは今はないもんね。だから、ああしたい、こうしたい、普通じゃイヤだとか、そういうのが強い時期だったんでしょうね。聴くと、凝ってるなあ、素晴らしいなあと思いますけどね。今じゃやらない！（笑）　まあ、やろうと思ってもやれないだろうし」

奥田民生

いざ〝こっちだ!〟ってなった時に、メンバーみんなでバッと行く力をつけたかったんだよね。

――実際の制作は、まず八ヶ岳のスタジオでのプリプロ合宿から始まったんですよね。

「合宿ね。だいたい合宿してたね、レコーディング前は。合宿っつうか、プリプロというよりも、練習。特訓ね。特にテッシー。テッシーがわりとその、反復練習を……あとEBIも、すごいくり返し練習をしなきゃ不安なタイプだったのね。そういうのもあるし」

――確かに『服部』は、過去の2枚に比べると、格段に練習が必要ですよね。

「そうそう。曲がいきなり難しくなったし、その場でパッとは絶対できんし。ちゃんとアレンジしなきゃダメだと。だからみんな大変そうだった。でも俺はまだね、なまけてんのよ。まだそんなにギター弾いてないでしょ。実際は弾いてんだけど、怒られてんのは俺じゃねえのよ（笑）。怒られてるっつうか、突っ込まれてるのはね」

――そこで「こんなことをやれって言われても！」ってキレる人はいなかった？

「まあでもそれは、本当に全然できないことをやれっていうわけではないし。みんなで考えてやるわけだから。その、ギリギリなところというか。そういう意味では、みんなそんなに頑固な、〝いやいや、俺はこれだけしかやりたくない〟っていう性格ではなかった、ちゅうことじゃないの？　だから、メンバー、マイケルさん、原田さん、みんなであーだこーだ言いながら作ってるんだけど、まだ笹路さんもいて、トータル・アレンジみたいなのを見てくれてるから。そこはまあ、スムーズに進んでるっちゃ進んでるよね。笹路さんがわかってくれていて、俺らが迷うと〝じゃあこっち〟ってやってくれるから。で、阿部が弟子だから、そこで学んできてるってのもあったし。それでメンバーになって、次のアルバムは笹路さんいなくてもいけそうな気がする、みたいな感じだったと思うけどね」

――歌詞に関しては、例えばファーストの『BOOM』の頃は、まだ〝歌詞ってこういうものかしら〟って感じで書かれているような。

「うん。いや、どうでもよかったんですよ。ギターの音とかドラムの音とかがビャーンとカッコよきゃいいやって思ってたんだけど、やっぱり〝いい曲作りたいな〟とか言って、メロディに気合いを入れて作ったりすると、言葉が普通じゃ面白くねえとか、もったいないと思い始めてね。でも、例えば英語の歌詞とか、そういうのも、自分が英語をわかってないのにダメだなと」

――で、主人公設定方式というんでしょうか。

「そうだね」

――を、どのへんから見つけたんでしょう?

「あのー、基本的には歌詞も、マイケルさんと一緒に作っていて。みんなもね。みんな、言葉ひとつひとつ相談しながら作っていったのよ。で、マイケルさん的にも、そういう物語的な歌詞にするのがやりやすかったんじゃないかね。だから、自分の思ってることとか、言いたいことを、ただ曲にするっていうだけでは、サウンドのいろんな取っ散らかりに、ついていけないわけ。だからもう全然自分の中にないようなことも、第三者として、作品として、作っていったほうがいいんじゃないか、と思ったんですよね」

――例えば「ジゴロ」を子供が歌うとか、「デーゲーム」を坂上二郎さんに歌ってもらうとか、ああいうアイディアはどんな風に生まれたんでしょうか？

「まあだから、『タイトルは〝服部〟で』とか言って、ある意味わざと取っ散らかろうとしてるわけだから。で、歌うのが俺だけじゃなくていいと思ってるし、ほかのメンバーにも歌えと言ってるし、メンバーじゃなくてもいいぐらいだと（笑）。という感じですよ。だって、ほかの人が歌ったら、単純にバリエーションが広がるじゃないですか」

――そこで、スタッフ含め〝ええっ？〟と言う人は誰もいない？

「まあそこにいるメンツを思い出していただければ、誰も〝ええっ？〟とか言わないことはわかるでしょう（笑）。そういう人たちだった、ということだよね」

――では、民生さんが作詞作曲に関わっている曲についてうかがいたいんですが――。

「（曲目を見て）けっこう少ないね！　あれ？　「ジゴロ」は誰？」

――詞が民生さんで、曲が川西さん。

「川西さんの曲なの？　これ（笑）。そうか、全然憶えてないなあ……なんでこうなったんだろうね？　これ、詞と曲、どっちが先なのかな……詞が先じゃないよね？　この詞に合わせて、川西っつあんがメロディを作れるわけがなく（笑）。まあ、なんかあったんじゃない？　モチーフが。Aメロだけ、みたいなのが転がってて、そこから作ったんじゃない？」

――では「服部」。これは詞曲とも民生さん。

「これはまあ、ちゃんとテッシーが、普通にギターが弾けるように、作っておこうと思いまして。ほかの曲はまともに弾けなそうだなあと（笑）」

――「服部」という曲がなかったから民生が書いてきた、と、銀二郎さんから聞きました。

「そう。で、派手めな曲だし、タイトル・チューンみたいな意識はもちろんあって。でも、人の名前だから、なんでもいいんだよね、歌詞なんて。〝誰かの曲です〟ってことだと言えばいいわけだから。〝服部さんじゃないとこんな人はいない〟ってわけじゃないからね」

――「おかしな2人」。これは詞が川西さんで曲が民生さん。

「これはだから、川西っつぁんの出世作じゃない？　歌詞的には。川西っつぁん、女言葉、よく使うよね」

――このとてつもないアレンジは？　1曲に何曲分も入っているような。

「もうなんかわけわからんイントロにしたかった、っていうだけかな。まあ「大迷惑」もそうですけど、この頃ね、ミュージカルのCDを聴いてたんですよ。外国のやつで、しかも画もないし、音だけで。要するにフル・オーケストラがやるわけじゃないですか。ものすごく楽しそうでいいなと。で、そのスピードがある部分とかは、俺たちも当時がんばってテンポの速い曲もやってましたし、そういうパンクっぽい曲にも融合できるんじゃないかと、その時に思いました。だからこの2曲は、そういうムードなんじゃないですかね」

――「パパは金持ち」。詞曲とも民生さん。

「あ、そういうことなのか。で、「君天」がEBIか。で、その2曲をくっつけてんだね。これはだから、なんだろう……順番を思い出せないけど、まあその、ちょっとラテンなことをやってみよう、みたいなことで……合宿の時にまずデモを聴いてね、〝この曲はこれ風にしてみようか〟とか、すごい無責任に言って、やってみては〝これダメだ〟とか、そういうのをくり返して、できていっていたんですね。最初に作ったデモの状況は、全然なくなっちゃってもいいぐらいの感じで作っていたので。例えば「おかしな2人」とか「大迷惑」とかは、最初から〝こういう感じでいきたい〟っていう明確なものがありましたけど、そうじゃない曲もあるから。この曲とかね（笑）」

――「人生は上々だ」は、ABEDONと川西さんが作詞、民生さんが作曲。ユニコーン初の、リズム・マシンを使った曲。

「ああ、ヤオヤ（ローランドTR-808）ね。当時からもう古いからね、ヤオヤ。『古っ！』って言いながら、久々にプログラム組んで。知ってる？　あれ、プログラムが組めるんです、リズムパターンがね。そいで、ボタンでピッピッて組んだリズムパターンを切り替えられるんですけど、俺がね、すげえマジメに1曲分……基本パターンと、フィルが入るパターンと、ちょっと変わるパターンとか何個か作って、それを曲の途中でピッて押して切り替えるわけ。で、録るのは、それを流して録ってるだけだから。編集もできないからね。今みたいに入れ替えたりできないから、一発勝負なわけよ」

――めちゃめちゃ原始的ですね。

「原始的。当時すでに、打ち込みはできたのよ？　でもあえてその古っちいやつを駆使して一発で録る、その技術を見せるという。で、途中でしっちゃかめっちゃかになって、スネアとキックが裏返ったりしてるでしょ？　あれは俺が失敗してるんですよ、途中で。で、〝これでいいや〟ということになって（笑）」

――いまだにアンコールで盛り上がる、キラーチューンですけども。

「まあこれは、とにかく転調をし続けるんで。まあそれだけの曲だけどね。転調していく曲が作りたい、上がり続ければいいやと。だから歌詞も一応、そんなことにしたんじゃないでしょうか」

――ビーチ・ボーイズ風のコーラスが入ってますけど、どんどん転調してキーが上がっていって、キーが一周したところで同じコーラス、落ち着いたコーラスがもう一回来るという。

「ああ、ああ」

――メインボーカルはアップアップしてるのに、コーラスはすごい冷静に聴こえて、そこがカッコいいと思ったんです、当時。

「キーが戻ったとこね。だから、入魂のリズムボックスの乱れで、そのあとギターとかベースとか入れるわけですけど、それも取っ散らかっていくわけよ。で、おかしなことになるでしょう？

で、最後に歌を入れるから、もうどうしていいかわからないから、行くだけ行って、戻る、みたいなことだったんじゃないかね？　そのへんはもう、アレンジされたものではなく、その場でそうなっちゃったっていうかね。ややこしい曲なんだよ、ホントに、演奏するほうにしてみたら。しかも、半音だけ上がるところと、一音だけ上がるところがあるんだよ。しばらく演奏しないで、久々にやろうとすると、それを忘れてるから。流れでできないのよ。『百が如く』のツアーで、『服部』の曲のメドレーやってんじゃん？　で、この曲、途中からじゃん？　途中からはやめて！　最初からならできるんだけど、途中からは無理なのよ（笑）。だからけっこう練習した」

――「抱けるあの娘」。ビッグバンド風な。

「『大迷惑』でオーケストラとかも入れたい、ということはビッグバンドみたいな曲もあったほうがいいな、ということだと思う。やっぱり、やってみたくなるのよ、オーケストラの人とか、外からミュージシャンを呼んで、みたいなのをね。それ用に曲を作って、笹路さんがブラス・アレンジをしてくれてるという」

――「大迷惑」。詞曲とも民生さんです。

「この曲は、さっきも言ったけど、ミュージカルのＣＤをパクったのよ。パクったじゃねえか、影響を受けたのか（笑）。そんな感じ。要はロックみたいな、8ビートじゃないじゃない？　いわゆるジャズじゃない？　どっちかっていうと。ミュージカルって、ジャズだったりクラシックだったり。でまあ、俺らがやるとしたら、ドラム、ドタドタドタドタにしかできないかなあ、とか。そんな感じで。だからメロディも、それっぽいんですよ。ちょっとこう、実はクラシカルなね、作りが」

――サビに歌メロのうしろでオーケストラが奏でる別のメロがあって。対位法っていうんでしたっけ。

「そう。まあでもアレンジ自体は、なんとなく口頭では伝えたけど、やったのは笹路さんだし、裏メロもそうだから。そこはもうなんか、『すごいのできちゃったわ』とか言って、他人事のように喜びましたね（笑）」

――最後は「ミルク」。

「これ俺？」

――そうです、詞も曲も。

「これはなんかねえ、おまけ？」

――当時、まわりの誰かに子供ができたりしたりしたんですか？

「全然。なんとなく。テレビのコマーシャルでも観たんじゃない？（笑）」

――これ、アルバム全体に、曲ごとに、服部さんが主人公として何回も出てくる、みたいなイメージではない？

「いやいや、そういうのはなかった。『服部』という曲があるから、ちょっと意味があるようになってしまってますが、ホントになんの意味もないタイトルにしたかっただけなんですよ。ジャケットも、おっさんの顔だったりするんで、なんかこう意味がありげになってますけど。まあ、何年も経ってから、みんなおわかりのように、ホントになんの意味もなかったという。『服部』というタイトル自体は、曲を作る前から『次は〝服部〟で』って言ってたからね」

――単にカッコいいタイトルがイヤだから？

「まあ、そういうことじゃないですか？」

――「Maybe Blue」をライブでやらなくなっていったのと近い感じ？

「そうね。まあ、そういうことはほかの人もやってるし、っていうことだと思うよ。あと、いざ〝こっちだ！〟ってなった時に、メンバーみんなでバッと行く力をつけたかったんだよね。だから、無理やりにでもいろんなタイプの曲をやって、自分のスキルを上げよう、みたいな。だからドラクエで言うと、転職システムあるでしょ？　やっぱその、戦士で99になりたくねえのよ。とりあえず10ずつ全部いく、みたいな感じ。で、99の戦士も、魔法に異様に弱かったりするじゃない。そういうんじゃなくて、どんな状況でも役に立つ男、みたいなね。マルチな男。俺は個人的に、ユニコーンの中でそういう役目でもありたいし、そういう修行みたいな感じをしたいとも思ってたんですよ。だからいろんなタイプの曲を作って、ほかのメンバーが持ってくる曲も、アレンジで無理やり謎の方向に持って行ってみたり。そういうのをやって、みんなすごい演奏もうまくなったりしてると思うよ」

――このアルバム、細部まで聴き直すと、異常ですよね。今のユニコーンと全然違う。

「まあ、気合いが違うよね」

――「こんなところにまでこんな音が！」と。

「そうそう。まだね、細かいから。やりたがってるから、録音を。もう今や、やりたがってないから（笑）」

——今だったらこの細かいディテールもＰＣ画面でできますけど、当時はアナログですし。

「だからもう毎日朝までよ、レコーディング。ひとつ何か〝これやってみよう〟ってなると、準備も時間かかるし、待ち時間もあるし、実際やってみても、〝ここでテープを裏返してみて……〟とかやってると、とにかく時間がかかるのよ。それを、さんざんやってきて、今はね、もういいわけよ（笑）。もう充分やった、あん時楽しかったからもういい。今はレコーディングは〝なんとしても24時には帰る〟みたいなことになってるしね。まあ、そういう意味では、いい時代でもあった（笑）」

——民生さんにとって『服部』ってどういうタイミングのアルバムだったんだなあと、今になると思います？

「まあ、それまでの2枚は、専門学校で学んでいる状況というか。で、いろいろ踏まえて、まわりの状況も見て、戦略と言いますか、〝こういう感じでいってみちゃう？〟みたいなことを、初めてやったんじゃないかと。ちゃんと自分らで考えて作れるようになった、最初のアルバムなんじゃないですかね」

川西幸一

一番大切なのは、〝ライブの時どうしよう?〟っていうことを考えてないアルバムだ、ってことだね。

――『服部』って、ミュージシャンとして、『PANIC　ATTACK』までは必要とされなかった技術とかセンスが必要とされるアルバムですよね?

「まあそうだね。こっからの変革はすごいよね。『PANIC　ATTACK』から『服部』って別のバンドになってるよね。『BOOM』はまだ、マイケルさん笹路さんにおんぶに抱っこだったんだよ、アレンジとかっていう部分では。でもそこで勉強したから、『PANIC ATTACK』はもう半分くらい俺らのアレンジになってたんだと思う。で、『服部』は、プロデュースは笹路さんにやってもらってるけど、バンドのセルフ・プロデュースの要素もすごく大きくなってるから、好き勝手なことになってるんだと思うよ。悪い言葉で言ったら、まとまりがなくなってるんだよね。誰かひとりがディレクションをしてるんじゃなくなって、それぞれ曲を書いた奴がメインになってるから、そりゃ取っ散らかるよね」

——民生さんの話を聞くと、積極的に取っ散らかりたかった感じですよね。

「ああ、だけど逆に、それにマイケルさんや笹路さんは、うまいこと一本の筋を通してくれたんだと思うんだよね。それは歌詞の世界観だったのかもしれないし、歌かもしれないし、音の質感かもしれないし、そういうところで通してくれたんだと思うんだけど。今あるバンドたちでも、ディレクターなりプロデューサーなりが方向を決めて引っぱったりとか、もしくはボーカル・ギターが曲を書いてきて主張してるかもしれないけど、俺らは5人でそれをやってるもんだから、多いわけじゃん？　だからこうなったんだと思う。ただ、やっててすごく面白いね。例えば、ドラマーが考えるドラム・パターンと、ギタリストが持ってくるドラム・パターンって、まったく違うから。〝これ、どうやったらこんな風に叩けるんだよ？〟みたいな。逆にドラマーが持ってくる曲のコード進行も、ギターから見ると〝なんでそのあと、こう続くのよ?〟ってなると思う。で、プロデュースもそういう風にやるもんだから、変なことになったんじゃない? きっと」

――あと、ABEDONに聞いたんですけど、メンバーが持ってきた曲を、アレンジでまったく違う風に作り変えることもあるという。

「そうそう、いじくり倒すからね。曲を書いた本人が思ったイメージとまったく違うものにされるもんだから、〝……え?〟みたいな。そういう面白さもバンドの中ではOKになってたけど、ただ、今みたいに人間的に大人じゃないから、そこらへんの葛藤とストレスがすごくあったんだと思うよ。それは『SPRINGMAN』まで、ずっと。自分の作った曲、自分の思ってるベース・ライン、ギターの音質、ドラムのアレンジにしても、〝俺はこうじゃないと思うんだけど〟って。〝でもそういう方向を求めてるならやるよ〟っていうので、できちゃったからね。もし、ぶきっちょでできなかったら、こうなってないね。できてしまうからこそ、ストレスも溜まるんだよ。それが溜まりに溜まったのが第一次ユニコーンだったと思う。〝うーん……できたんだけど違うな、これじゃない〟っていうのがあったんだと思う、当時ね。でも、こういうベーシックがあるからこそ……今やってることの土台が、この当時にできたんだろうね。で、解散して、そこから16年間離れて、離れてる間にそれぞれバラバラで音楽をやる中で、それをもっと、それぞれの中で昇華させていったんだと思う。ということを経て、やっと俺らは今、バンドになったんだと思う。『服部』が一番スタートラインだよね、きっと」

――『服部』、再始動後のユニコーンと聴き比べると、音数が全然違いますよね。

「なんでこんなに音数も手数も多いしアレンジもごちゃごちゃしてるんだ、めんどくさいなって思ってたけど、楽しかったんだよね、たぶんこれが。年齢的なものもあると思うよ。こういうのをやりたい時期だったんじゃないかな。そういう時期があったからこそ、今があるんだと思うし、いろんなものを経てここにたどり着く、みたいなのがあるから」

――川西さんが書いた3曲についてうかがいたいんですが、まず「ジゴロ」。これはなんでいきなりこんな曲が？

「「ジゴロ」ね。いや、わかんないんだけど……でもわりと俺、そういうの多いじゃん」

――そうですけど、これを書いてバンドに持っていこうというのがすごいなあと。

「あ、その勇気？（笑）まあ、俺そういうの好きなんだよ、きっと。聴くので好きなのは（レッド・ツェッペリンよ？　でもああいう曲書けないんだよ、俺。で、これができちゃったから……せっかくだから持っていくと、みんなが〝何これ⁉〟って爆笑するじゃん。俺はできたから持ってっただけで、やらないもんだろうなって思ってたの、絶対アルバムに入れてくれっていう気持ちで作ってないから。毎回そうなんだけど。でも盛り上がって〝この曲、こういう風にしよう〟ってやってくれるから〝はぁー、こんなことになったのね。面白い曲になったなあ〟と」

――子供が歌うことになったのは？

「それはね、そういう風になるだろうなと思ってたんだよね。デモを作った時に、歌をファルセットで入れてたから。子供に歌わせようと思って作ったわけじゃないけど、作ったのがたまたまその音域だったっていう。あと、何書いてたっけ？」

――次は「おかしな2人」です。

「あ、歌詞ね。これは民生から書いてって言われたんだよね。で、この頃から、民生に、女性として歌わせたかったのよ。「ペケペケ」もそうなんだけど、あれは男と女、ふたり登場人物を出そうと思ったんだけど、「おかしな2人」は女にしようと思ったんだよ。民生って、歌にものすごい説得力あるじゃない。だから、女性として歌ってもらったとしても、完璧に表現するだろうなと思って、それが聴いてみたくて。んで、どっちの曲もダメ男なんだけどね、結局は。「おかしな2人」の場合は、彼女が全部言ってて出てはこないけど、〝対・ダメな男〟じゃない？「ペケペケ」は〝俺〟がダメ男だから。でもそれってやっぱり、永遠のテーマみたいなもんなんだよね。それを女として歌わせようと思って。離れてる男女っていうものもイメージできるから、別に自分に起こったことじゃないんだけど、イメージしたもの。だから女性の歌詞とか、2人出てくるものとか、もしくは「人生は上々だ」みたいな物語を書き始めたのも、この頃だったと思うんだよね。ユーミンさん（松任谷由実）のラジオに出た時に『どうしてこんなに女の人の気持ちがわかるの？』って、すっごい褒められたんですよ。『すごいわね、この歌詞』って言われて。『いや、それはたぶん女の人にモテたいからこそ、女の人の気持ちはどうなんだろうって考えることが多いからだと思います！』って言ったんだけど（笑）。すごい嬉しかったよ、それは。あと「人生は上々だ」を書いたせいで、（新宿）二丁目界隈では民生と俺と阿部がデキてる、みたいな。ＥＢＩかな？みたいな話があって、けっこうな人気だったらしいです（笑）」

——このアルバムのドラムなんですが、例えば「服部」、「パパは金持ち」、「珍しく寝覚めの良い木曜日」って、全部ドラムの音が違いますよね。

「うん、チューニングから全部変えて。当時はもう1曲ごとに、ヘッドは変えるわ、マイクの位置は変えるわ、ブースから出すか入れるか、その上に毛布をかぶせるか、かぶせないか……そうやって1曲ごとに全部作り変えてたから。今でもわりと変えてるけど、この当時ほど変えてはいないね。『服部』もそうだし、『ケダモノの嵐』もそうだし、この頃は全部そうだね。だから、音作りにものすごい時間かかってた」

――ドラムのヘッドを張り替えて、チューニングし直して、マイクの位置も変えて――。

「そうそう、で、マイクの種類すらも変えるじゃん。それでやって〝ちょっと違うな〟ってなったら戻すじゃん。すっごいやってたよ、それは」

――チューニング・音決め・録るので1日かかってしまう、みたいな？

「録るのは1回だから、音が決まったらすぐ終わるけどね。そこまでがすごい時間かかって……でも、それが一番大切だと思うよ。やっぱり料理と一緒だからね、素材がまずかったらどうしようもないから。まず、いい素材を持ってくるのが大事だから。それができれば、レコーディングなんて8割方終わってない？」

――当時、バンドってみんなそこまでやってました？

「わかんないけど、やってたかもね。当時はレーベルがカネあったから。あ、でも、ほとんどの人は、たぶん演奏するのに時間かかってたんだと思うよ。俺らは演奏するのは短かかったから。もしその音決めがなかったら、ものすごい短くできてたと思うよ、レコーディング」

――このアルバムって鳴り物、パーカッションとかもいっぱい入ってるじゃないですか。それによってドラムが変わったりします？

「変わんない変わんない。全部ドラムのあとだから。〝ああいうの入れよう〟とか〝この楽器入れよう〟とかは、あとから出てくるもんだから。ただ、そうやっていろんな音を入れていくと、面白くなっていくもんだから……一番大切なのは、〝ライブの時どうしよう？〟っていうことを考えてないアルバムだってことだね（笑）。まあやりたい放題だよね」

――で、だいたいワンテイクで録ったってことは、川西さん個人の演奏技術としては、そんなに困らなかった？

「困ってないね。〝難しいな〟っていうのはなかったけど、「おかしな2人」のイントロとか……民生がデモを持ってきた時、ドラム、あそこまで複雑じゃなかったと思うんだけど、〝うーん、これはユニゾンだよな、絶対〟って思って、どう叩くか考えて、レコーディングでドンカマと合わせるじゃん。〝本当めんどくさいフレーズじゃのう！〟ってなったのを憶えてる。今でも「おかしな2人」をライブでやる時〝あー、めんどくさ〟と思う。困っちゃないけど、めんどくさかったなって（笑）」

――今このタイミングで『服部』を振り返ると、どんなアルバムだと感じます？

「今やるとめんどくさいけど、すっごい、いいアルバムだなと思うね、やっぱり。〝今だったらこうするな〟っていうのはあるかもしれないけど、今だったらこういうのはできないっていうのもあるし。こういう玉手箱みたいなアレンジとかって、今はやらないから。いろんな曲があって曲ごとにカラーが違うっていうのは今もあるけど、1曲の中にこれだけ入れるアレンジっていうのは、今はもうやらないと思うんだよね。だからこそ、いいアルバムを作ってて良かったなと思うよ。もし〝これ、レコーディングし直そう〟ってなって、まったく同じアレンジで同じテンポでやっても、この若さっていうか、若いグルーヴっていうのは出せないのよ。たぶん今のほうがみんな、一個一個の音符が太くなってるから。今はそれが融合してガシッと音になってるけど、この時はぶつかりながら……例えば、分子構造がバラバラになってるんだけど同じ形を作ってる、みたいなのが『服部』だと思うんだよね。今は同じ方向にしっかり向かうから、それはそれで別の物質になると思うんだけど、『服部』のようなことは絶対にできないと思う」

手島いさむ

とにかくアイディアを出さないと、先に進まない。

――『服部』で、音楽的に、ジャンルとか手法がどんどん広がっていったのは、作りながら?

「作りながらだったと思う、たぶん。観音崎のマリンスタジオでまずリズムを録って、そこから、〝これはどうしよう、ああしよう〟っていうのを笹路さんに話しながら……想像するに、当時はおカネもちょっとあったんじゃないかな。上り調子のバンドである、予算はちょっとかけてもよし、みたいな。だってフル・オーケストラを1日呼ぶなんて、ねえ? 『そんな予算はないです』って言われて終わるもんね、今は」

――ですよね。じゃあスタジオで、いろんなアイディアが出てくる？

「うん、っていうのをスタジオ内のいろんなところで、ごちゃごちゃ話をしていて。ユニコーン、全員に向かって『こうなんだよ、こうやりたいんだよ』って熱弁する人は誰もいないので」

――テッシーが書いた「デーゲーム」は、最初はあんなアレンジではなかったそうで。

「全然違う。俺が持っていったのは、もっと普通のポップスだったの。メロディで言えばありがちなメロディなんだけど、そこがちゃんとユニコーンなりのものになって……また民生が、キーが低い曲なのにそれを歌いこなせるというね。民生が歌がうまいっていうのが一番大きくて。今、弾き語りでこの曲をやったりするけど、民生を真似するもんね、どうしてもね。でも全然真似になってない」

――そうやって自分の作った曲がまったく違う形になっていくことに関しては――。

「いや、抵抗は全然なかった。むしろ良かった。民生が歌えば何でも良く聴こえるから。あいつが人の曲をカバーしてるのも、聴いたり観たりするけど、オリジナルを下回ってたこと、ないもんね。他人の歌でも自分の歌にしてしまう、しかもオリジナルよりいいって奴、あんまりいないでしょ」

――『服部』って、ギタリストの技術的な負担、前の2作と段違いじゃないですか？

「いや、楽になってるよ。もともとお里がこうだから。「大迷惑」も、「服部」も」

――そのへんの曲はわかるんですが、「君達は天使」のギターとか。

「ああー、ああいうのも、俺と民生が入れ代わり立ち代わりでやってたからな。ただ、思いついたことをパッとできないっていうイライラ感が、笹路さんにはあって。〝こういうのどうかな〟って思いついたフレーズ、それをすっごい練習して弾くよりも、民生がノリでぺぺペッと弾いてしまうほうがいい、っていう判断もあったりして。それはレコーディング中にすごいあった。民生もこの頃はギター弾くようになってたから。ギタリストがやるとシャレにならんけど……」

――ボーカリストが弾く楽器って、そういうのありますよね。技術よりも感性でいけるみたいな。

「民生は今でこそギターは本業だし、すべてをプロフェッショナルでできるけど、当時はオケを作る時に、楽しい感じとかカッコいい感じを出したいっていう、その雰囲気を出せるっていうか。俺は全部をパーシャルに考えるわけよ、全部分けて。〝このギターはこっち方面か、それともこっち方面か？〟って頭の中で考えて、〝こっちかな？〟ってやるんだけど、民生は〝とにかく良けりゃいいんだよねっいいんだよ〟っていう。それは今でもそっちが正解なのよ。楽しく聴こえれば一番いいんだよねっていう」

――テッシーが、プレイ的に特に大変だった曲って、どれですかね？

「「ペーター」は葛藤した。全体的にジャズっぽいコードじゃん。ジャズのコードなんて、アマチュアの時にヤマハの先生たちとちょっとやったことがあるだけだから。〝ジャズって、拍子はこうで、コードはこうで〟っていう、ほんの入口のことしか知らずに入ってる。それがジャズの専門家の笹路さんからすると、おかしゅうてしょうがなかったやろなあ。〝なんじゃこいつは〟って思ったと思う」

――でもダメだとは言われない？

「うん。それで逆に盛り上がる。ジャズの人ってそうなの。俺らみたいなハードロックの奴が行くと喜ぶの。あの人たちの常識にない、とんでもないことをやるから。なので、「ペーター」だけは、踏み入れてはいけないところに踏み入れてしまって、足ドロドロに汚れた、みたいな感覚はある。でも面白かったよ。ギターにワウかけてタッピングして弾くのもね、曲を聴いて思いついたからやってみたら、〝それ面白いね〟って採用になった。そういう風に、とにかくアイディアを出さないと、先に進まないというか、勝ち残ったアイディアが曲になってるというか」

――それは『服部』以前はあまりなかった？

「いや、最初からあったんだろうけど、1枚目2枚目はアイディアが出てこないというか、出てきたとしてもテクニック不足でできない。だから俺、この頃はツアー中でもずーっとギター持ってた。部屋に1本ギター持って帰って、1日1フレーズずつ増やしていく、みたいな時期」

――やっぱり必死だったんですね。

「必死というかね、それやんなきゃダメだと思った。ライブやっても楽しいし……1枚目の頃は、ライブのあとはみんな『ふぅ……』ってなって、『あそこがもうちょっと……』って思ってたけど、『PANIC ATTACK』くらいから民生が『こうやってため息つくようなライブの終わりはイヤだ、やめようよ』って。みんな『民生がああやって主張したの初めてだな』って思って。ライブのあとで反省ばっかりするようなバンドではいかんのじゃないか、ライブ終わったら乾杯！っていう風になりたいよ、って。そのへんからプチッとなんか切れたね、みんな。最初の頃なんて、できないことのほうが多くて、ライブ終わるたびに反省なわけよ。だから、ライブ自体が楽しいものって感じられなかった時代があったんだよ。ライブ終わったら『乾杯！』ってニコニコ盛り上がるみたいなことじゃないと、バンドなんてやってる意味ないよ、みたいな。〝そうだよね〟ってなった。あと、ライブの動員とかも上がってきてたから、レコード会社からの視線とかも緩んできた頃だったんじゃないかな。レコード会社の人も、その辺からアーティスト扱いしてくれるようになったし」

——珍しく寝覚めの良い木曜日」は、最初はどんな風に持っていったんでしょうか？

「あれはドラムマシン買ったばっかで、チョコパカチョコパカ打ち込んだりするのが面白くて。それで家で作ったやつを持って行って……本当は生っぽくやりたかったんだけど、そうならなかった。デモの段階からレゲエっぽかったんだけど、『これ、打ち込みでやってるところがいいんじゃねえか？』って話になって。で、打ち込みレゲエでやろう、ということになって……「人生は上々だ」もそうなんだけど、普通にロック・バンドで、生で録りゃいい曲を、〝それじゃあ面白くないよね、逆のほうに行こう〟っていうね」

——そういうアイディアには、テッシーも積極的に乗っかっていこうっていう感じだったんですか？

「いやいや、俺はもうただ傍観してたよね。おののいてたよね。たぶんね、おもに民生と笹路さんとマイケルさんの3人で話をして、〝この方向で〟っていうのを決めてたんじゃないかなと思う。発言力というか、アイディア出しのパワーに格差があったから。俺とかもうアイディア出すどころじゃなくて、自分がギター弾くのに精一杯だったから。やれって言われたことをできない、できなきゃ！っていうね。でも「大迷惑」でライトハンドやったら、えっらい盛り上がってて」

――ああ、ギター・ソロの。

「あれ、音楽理論上ちょっとおかしいのよ。笹路さんは、何度もそこだけ再生してゲラゲラ笑ってた。『ライトハンドせい！』って言われて、ブースの中で、どうやろうか考えとる最中に『はよやれ、なんでもええからやれ！』って。それで人差し指がおのずと動いたとこからやってみたら、えっらいウケてた。あれ確か1テイクか2テイクで終わったと思う。ソロの入りのところまでは笹路さん、想定してたんだろうね。ジャズでいう半音ずつ上がっていくモードだから。で、そこからは普通に歌のAメロと同じコード進行で……っていうのは合宿の時に決まってたから。それに合う共通音を探していって、パッと弾いたのがあれだったの。観音崎のスタジオで、みんなが爆笑してたのを憶えてる」

――そういう風に、突発的に出たものが採用になることは多かったんでしょうかね？

「『君達は天使』の最後、サビでギターがものすごい音量で出てくるじゃん。当時、買ったばっかのマーシャルのアンプで、オーバードライブ（歪みエフェクター）を踏み込んで、フィードバックもさせながら……アンプの音が出てそれをピックアップで拾って、ギターが振動を拾って……っていう音を使いたくて。それを試したらああなった、っていう。あれ、録ってるほうは、なんでこういう音がするのかわかってないと思う。俺しかわからないはず。とか、そういうのはちょっとあったかな」

――『ケダモノの嵐』の「ロック幸せ」で川西さんとツインボーカル、『ヒゲとボイン』で「幸福」、『SPRINGMAN』で「オールウェイズ」、「裸の王様」と歌ってますけども。『服部』では、テッシーと川西さんはまだですよね？

「いや、その時も〝全員が歌うんだよ〟っていうのは、なんとなくあって。スタジオにも、マイクは一応立ってたけど……どうしていいかわからんかったよね。自分の声がスピーカーから出るっていうことに非常に違和感があったので。デモテープ作るのもイヤだったもん。〝歌えりゃ歌うよ、俺も！　でもヘタだから！〟っていう。積極的に歌うって感じではなかったな。でも『ケダモノの嵐』からは、試験的にひとりひとり歌ってみるっていう風になったけど」

――今になってみると『服部』はどういうアルバムだったと思いますか？　今聴いたりすると、どんな風に感じます？

「やり直したいパートはあるよ。１枚目、２枚目は全部弾き直したいけど、『服部』に関しては……3分の2くらいは弾き直したいけど、これはこれでいいかな、っていうところはある」

――いちロック・バンドのアルバムとして、なるべく客観的に見ると、いかがですか？

「うらやましいなと思う。当時、俺がユニコーンの外にいたら、〝いいなあ〟と思うだろうね。〝ユニコーンってこういうのを作っていいんだ〟って。でも〝中は中で苦労があるんだよ〟って言いたいけど(笑)。だって、手元にないテクニックを出さなきゃいけないんだもん。でも、これがあったから……今、人のバックバンドをやったり、劇伴の仕事をやったりする中で、この頃の〝スキルアップしなきゃ〟っていう危機感だったりが、今になって生きてると思う。そういうアルバムだと思う。このアルバムがなかったら、そしてマイケルさんと笹路さんがいなかったら、俺はギタリストとしても音楽家としても生き残ってないと思う。大感謝」

第6章

『服部』のアートワークと映像

ジャケットは知らないおじさんのアップで、バンド名もアルバム・タイトルも入っていない。メンバーの写真は、インナースリーブの真ん中に2ページと、裏ジャケにちょっと載っているだけ。初回盤15万枚は〝服部〟の描き文字がプリントされた巾着袋に入れて販売される——その音楽のラジカルさや新しさ、常識にとらわれない感覚を、正確にトレースするだけではなく、さらにインパクトを大きくして伝えたのが『服部』のアートワークだった。

それは必ずしもメンバーから出てきたものではないし、河合マイケルがアイディアを出してスタッフに指示していっただけでもないようだ。マイケル曰く、「みんなからアイディアが出てくるんだよね。それまでのジャケット作りと違って……レコーディングの時に、メンバーや俺や笹路の間で、スタジオの中でいろんな面白いことが起こっていくのと同じように、ジャケットを作る時に、アートワークのスタッフの間でいろんなことが起こるようになって。初めてそうやってできあがっていったアルバムかもしれない」とのこと。

この章では、ジャケットまわりのアートワークや「大迷惑」などのミュージックビデオが、どのような思惑の中で、いかにして進んでいったのかを追う。まずジャケットまわりは、河合マイケルと、アートディレクター野本卓司、制作進行（音源以外のCD制作の進行と管理を担当する）須藤由美子の3人に当時を振り返ってもらった。

中村福太郎さん、日暮里在住、鳶《とび》の親方

マイケル「まず〝服部〟が、非常にグルーヴがある名前だっていうのは、前のアルバムを作っている時から民生が言っていて。で、〝『服部』にしちゃう？〟みたいな話になった時、リチャード・アベドンってカメラマンがいるじゃないですか。その人がアメリカの農民とか、お爺さんお婆さんばっかり撮ってる写真集があって、俺はそれがすごい気に入っていて。無名の人のアップの顔っていうインパクトがすごかったから。シワに歴史が刻まれてるっていうか。それで、〝これ、ジャケットでできないかな？〟っていうのはありました」

須藤「その写真集をマイケルに見せられて。『名もないおじさんで探してんだよね』、『どんなおじさんなの？』、『粋で、いなせで、味のある感じの人がいいんだよね。でも有名人じゃない、そういう人知らない？』って言われて」

マイケル「制作進行の人にそんなことを頼むのも変なんだけど。彼女は、住んでる場所が場所だったから。下町・日暮里っていう……」

須藤「そんな話が出た時に、〝あ、そう言えば！〟って、うちの近所の中村福太郎さんを思い出して。鳶で、火消しの組に入っていて、ハッピを着て木遣《きやり》とか歌う方なんですね。たまたまうちに写真があったので……母が町会の旅行に行った時に、一緒に写ってる写真が（笑）。それをマイケルに見せたら『い

いじゃん！　ちょっと会ってみようよ』って。実際にOKしてくれるかどうかは……」

マイケル「だって、説明しにくいしね。〝どういうこと？〟ってなるよね、普通」

須藤「それで一升瓶を持って、野本さんとマイケルと3人で交渉に行ったんだよね、お家まで。それでいろいろ話をして」

マイケル「そしたら……すごく納得したわけじゃないと思うけど（笑）、何か被害を受けるとかではない、っていうことは伝わって」

須藤「けっこう面白がってくれてね。撮影とか、すごく楽しんでくれて、最後は『やらせてもらってよかったよ』って」

マイケル「だって武道館ライブを観に来て、お客さんに囲まれてたもんね」

須藤「あと、中村さんの家の近所に美容専門学校があって、家の前を若い女の子がゾロゾロ通るんですよ。自分の写真入りのテレフォンカードを作って、その子たちにあげたりしておられて（笑）。もうすっかり近所で人気者になっちゃって」

野本「最初は、ソニーの社内に服部さんって人がいて。その人の写真も候補に挙がってたんですよ」

マイケル「ああっ、そうだ！　面白い顔してんだよな、服部さん」

須藤「そうだ、そういう話もあったね」

マイケル「それも面白かったんだけど、面白いだけじゃね」

野本「それで、最初にアベドンの写真集を観て……この『服部』のジャケットを撮った若月勤さんってカメラマンは、その時パルコの広告の仕事で、朝鮮のお爺さんの写真を撮ってたの。それが良かったから頼んだら、快く引き受けてくれて。最初は全身の写真で行くつもりだったのね。でも、全身だとインパクトがない。だったらドカンとアップにしたほうがいいと思って。なおかつ、CDって小さいじゃないですか？　だから、ジャケットにアルバム・タイトルとか入れちゃうと、弱くなっちゃうから。それで『ケダモノの嵐』もタイトルを入れなかったんですよね」

マイケル「とにかくその頃さ、アナログからCDになって、ジャケットがつまんなくなったっていう気持ちがあったから」

野本「そうそう。〝こんなちっちゃいので、何も表現できねえだろ〟っていう。それもあって、ああいうジャケットにしたんですね」

また、通常盤と同時に発売された初回限定盤は、〝服部〟ロゴの入った巾着袋入りであった。今は〝初回限定〟で何か付けるのは当たり前になっているが、なんせ30年前である。そのようなことを行なっているアーティストは、ほかにいなかったわけではないが、限られていた。

須藤「あれは……打ち合わせの中で、マイケルからいくつかキーワードが出た中で、ジャケットとか、デザインとかを決めていった感じで。あの巾着も、江戸っ子風だし、いいんじゃないかと思って……

そうか、じゃあ私か、あれを言い出したの」

マイケル「そうだよ、須藤ちゃんだよ」

須藤「その頃、多くはなかったですけど、ジャケットに付加価値を付けて売る、みたいなことがあって。プリプリ（プリンセス・プリンセス）のCDにピンバッジを付けるとか、米米CLUBのCDにハンカチを付けるとか。〝そういうアイディアを出していいよ〟っていうことだったので、いろいろ出させてもらって、その中のひとつが巾着袋」

野本「よく通ったよね、予算的に」

マイケル「いや、『PANIC ATTACK』が順調に動いてたから……当時は、制作費とかは……例えば、〝千五百万円使ったら4万枚売れるとブレイク・イーブンだ〟っていうような言い方をしてたね。まあバブルの頃だったし」

須藤「ジャケットのほうも同様で、企画書を書いて。〝何枚売ると、この制作費をかけてもリクープできます〟っていうのを提出して、それで仕様のOKをもらって、次に工場に行って、それが本当にできるかどうかの打ち合わせをして。そういう特殊仕様は、当時は販促費みたいな考え方で。〝売るためにやりましょう〟っていう風潮でしたね」

なぜここに金魚が？

アートディレクターの野本卓司は、エピックソニーの社員デザイナーとしてキャリアをスタート、THE MODSや一風堂などのジャケット・デザインを手掛けていた。『服部』の頃には、すでに独立してデザイン事務所「de-ge（デーゲー）」を立ち上げており、ユニコーン以降も、サザンオールスターズ、BUCK-TICK、DIR EN GREYなど、多数のアーティストのアート・ディレクションを行なっている。以下で彼が話している『服部』のインナースリーブのデザインの内幕に関しては、マイケルと須藤も初めて知ることが多かったようだ。

河合「あの〝服部〟っていう描き文字は野本だよね？」

野本「うん、あれは自分で描いた。写植とか使うよりは描いたほうがいいだろうな、習字っぽいのがいいかな、と思って」

河合「インナースリーブの、版画みたいな、いろんな模様は……」

野本「このへんも描きましたね。日本画っぽいのは自分で描いたほうがいいかなと思って。それと、パクってるのもある（笑）。実はベルリンに1年ほどいたんですよ。その時に買った書物の中にあった図版を切り抜いて使ってる。買った時点で相当古い書物だったから、著作権とっくに切れてるような。ベルリンに行った時、いろんな本とか雑誌とか買ったんだけど、重くて全部は持って帰れないから、切り抜いて、ファイルにして持って帰ったんですよ。そこから使ってる。でも、図版をそのまま使ってるわけじゃなくて、全体の一部を切り抜いていたりするから。取られたほうも気づかないと思う（笑）」

須藤「そう言えば、インナースリーブの最後に、金魚の写真が載ってるよね」

野本「ああ、あれはね、マイケルが『金魚が欲しい』って言ったの」

マイケル「え？　俺が？」

野本「うん。『金魚を入れたい』って。〝なんでここに金魚なんだろう？〟と思ったけど、探して、当時僕が持ってた本の中にこの写真があったので、使いました」

マイケル「憶えてない。でも、なんか、金魚と思ったんだろうね」

野本「マイケルらしいよね。で、『Goldfish』って文字も入れて……でもこれ、わざわざ入れなくてもよかったね（笑）。だから、そういう風にいいかげんに作ってるっていうことも、面白かったんですね。意味なく金魚が入ってるとか。当時のユニコーンの勢いが出ているというか。なんでも許しちゃう、みたいな」

河合「メンバーの写真は入れたんだっけ？」

野本「入れた。ジャケの表4とインナースリーブの真ん中の2ページにだけ。メンバーの写真ゼロなのは、さすがにないなと思って。表4の、メンバーふたりずつ顔を向き合わせた写真は、カメラマンのアイディアだね。ヘンで面白いよね。わけわからずにやってたもん、メンバーも」

というような経緯で、できあがったジャケットへのリアクションに関して、川西幸一から聞いたエピソードも紹介しておく。

「『服部』が出たあとに、(ローリング・)ストーンズが初来日したんだよ。そのパーティに、何人かだけ行けたから、俺とテッシーと民生と原田さんで行って。メンバー全員に『nice to meet you』って挨拶した時に、俺、チャーリー・ワッツにこれを渡したの(笑)。『僕らのニューアルバムです、聴いてください』、『OK』って、パッとジャケを見て『…Who？』って(笑)。『まさかメンバーじゃないよね、誰なの？』って言うから『うーん……He is a image boy.』って言ったら『Ah……』って(笑)。聴いたかどうか知らないけど、チャーリーも〝誰これ？〟って思ったってことは、相当インパクトあったんだろうね」

「ペケペケ」のMVを作った理由

ここからはミュージックビデオについて、映像ディレクターの板屋宏幸に訊いた。ユニコーンの仕事は、〝4人＋サポート笹路〟のツアーである、1988年4月18日、大阪ミューズホールのライブを作品化した『MOVIE』から。ただし、それ以前、ユニコーンが出場した1986年のCBSソニーオーディションの広島地区予選の資料用ビデオを撮影したのも、実は板屋だという。そして『MOVIE』を経て、「I'M A LOSER」からMVも担当するようになる。ユニコーンが〝様子が変わり始める〟時期と一致している、ということだ。「I'M A LOSER」の、メンバー全員楽器なしで、エアギター的に当て振りしているのは、板屋の案だという。

「僕があれをやりたくて、会議室で民生に話したんですね。そのアイディアを世の中で真っ先に使いたかったから、〝お互いの一作目はそれを撮りたい〟と。で、民生は〝「ペケペケ」が撮りたい〟と。彼のアイディアは、曲のサビでお湯の中からザバッと飛び出して〝♪あ、すーきなこと〟って歌うバックに〝明日〟という電飾が光る、という。で、話し合いの結果、民生が〝じゃあ「ペケペケ」を作ってくれるなら「I'M A LOSER」も撮っていいよ〟という提案をしてきて。で、約束通りに「I'M A LOSER」を撮って、そのあとに「ペケペケ」の制作にとりかかったという。レコード会社のスタッフ的には、とても困る交渉結果ですけど、〝何か単発商品の販売目的に作る〟ということではなくて、〝ユニコーンというバンドの可能性を映像化していく、その一環〟というようなことにして……まあ、民生と俺が撮りたかっただけですけど（笑）」

『ＰＡＮＩＣ ＡＴＴＡＣＫ』がリリースされたのは１９８８年７月21日。「ペケペケ」のＭＶの撮影は〝１９８９年２月16日、湯河原松坂屋旅館〟と記録が残っているので、オンエアが始まったのはその半月くらいあとだと思うが、２月16日の時点で『服部』のプリプロ合宿は終わっており、この３日後から観音崎マリンスタジオでレコーディングが始まっている。〝なんで次のアルバムの直前になって、シングルカットしたわけでもない「ペケペケ」のＭＶを作ったの？〟という疑問の声は、話を聞いたいろんなスタッフから挙がったのだが、板屋のおかげで、民生の希望だったことがわかった。

〝（サビ以外の）リード・ボーカルはＥＢＩ〟、〝曲は民生だが作詞は川西〟、〝歌詞は一人称の主人公設定方式〟と、『ＰＡＮＩＣ ＡＴＴＡＣＫ』の中にあって、いち早く『服部』要素の濃い楽曲だったゆえに、民生はこの曲を前に出したかったのではないか、と推測できる。

「大迷惑」「デーゲーム」撮影秘話

そして「大迷惑」だ。フル・オーケストラと共演したあのインパクト抜群のMVも、民生から出たアイディアを、板屋がブーストさせたものだという。

「「大迷惑」のレコーディングの時に、〝民生が『ブースの窓越しに見ると、(何人も弾いているバイオリンの弓が全員)同じ動きをしているのが面白い』と言っていた〟って聞いたんですね。その数日後に「ハッタリ」のレコーディングがあって、『それも弦楽器の録りだから来てくれ』と言われて。そこで民生から〝「大迷惑」のMVで使えないか〟と言われて。〝じゃあどうせなら〟って、フル・オーケストラにしちゃいました」

撮影日は1989年3月28日、埼玉の戸田市文化会館にて。予備日をあと2日用意していたが、1日で撮りきったそうだ。ステージ後方にいる合唱隊約50名は全員エキストラ。ただし、演奏家たちはみんな手元が映るので、慶応義塾ワグネル・ソサエティ・オーケストラという、1901年創立の由緒ある楽団に出演を依頼したという。「大迷惑」のレコーディングの時に笹路が書いた譜面をもとに写譜を起こし、実際に弾いてもらったそうだ。「ただ、民生が抱きつく指揮者は、年配のエキストラの方ですけどね」と、板屋。

「35ミリフィルムカメラで撮影しました。何テイク撮影したか覚えてないですが、フィルムは5本くらい用意しましたね。フィルム1本あたり約10分、2テイク撮れますから単純に言うと10テイク分撮れる量ですけど、35ミリフィルムは高価ですから。今のデジタルカメラみたいに通しで何テイクもは撮れないので、マスターショット以外は、ほぼ部分撮りしました。あと、合唱隊のエキストラの衣装を揃えるのが大変でしたね。男女合わせて50人くらいいて、衣装のサイズもバラバラですから。助かったのは……メンバーはオーケストラの一員、民生はオペラ歌手の役で出ていますけど、彼らに対する演出が大変じゃなかったことですね。ユニコーン、カンがいいんですよ。民生なんて、冒頭からの数カットですでにイメージをつかんでいるのが、観るとよくわかります」

「編集が大変だった」と板屋が言うのは、客席。実際にはひとりも人がいないのを、あとからの編集で形にしたそうだが、なんせCGが普及するはるか前の時代。オーケストラと合唱隊エキストラが私服に着替え、スタッフも加わって座ると客席の6分の1が埋まる。そこで、先に撮ったオーケストラ&ユニコーンのタイミングに合わせて〝はい、拍手！　はい、スタンディングオベーション！〟と指示を出して撮影し、終わると客席の次の6分の1のブロックに全員移ってもらって、また撮影……ということを6回くり返し、それをあとで継ぎ接ぎして仕上げたという。ステージからのバックショットでは、逆光で客席が見えないようにしているそうだ。

そして『服部』からはもう1曲、「デーゲーム」。坂上二郎が歌ったバージョンを新たに録り、〝坂上二郎とユニコーン〟としてリリースしたこのシングルのMVには、ユニコーンのメンバーは2カットしか出演していない。

板屋曰く、「だからでしょうね、メンバーからのMVに対する要求は、このときはひとつもありませんでした（笑）。最初の予定では、あの2カットもなかったんです。無理を言って、あのためだけに、八王子の球場まで来てもらいました」。

昔は野球少年で今はグラウンド整備の初老のおじさんが、仕事中のふとした瞬間に、なりたかった自分の時間を取り戻す——というのが、板屋が考えたコンセプト。

「あの坂上二郎さんの一人芝居の演技は、素晴らしいですね。撮影前にご自宅に打ち合わせに伺ったんですけど、二郎さん、演出意図をすぐに感じ取ってくれて。走ったり転んだり、いろいろハードな演出をしましたけど、イヤな顔ひとつせずに演じてくれました。二郎さんとの撮影は、いい思い出しかないですね」

1993年の解散まで、MVもライブも含めてユニコーンを撮り続けた板屋は、2009年の再始動の一発目のシングル「WAO!」のMVも手掛けている。

「解散から16年経って、原田さんに『ユニコーンはおまえで終わらせたから、おまえで始める』って言われて。あれは嬉しかったですね。1993年の「すばらしい日々」のMV撮影前に、原田さんから、『これでユニコーン最後だから』と聞かされていたので、よけいにね。ユニコーンとの仕事は、最初に〝もっと自由でいいんだ!〟と思わせてくれたものだったので。彼らと知り合った当時の僕は……それまでにも聖飢魔Ⅱの「蝋人形の館」とかも監督しましたけど、どちらかと言うと、〝宣伝のためにエッジの効いたカッコいいビデオを作る〟っていう思考のほうがメインだったんです。でも、〝もう少しユルユルに遊んでもいいんだよ〟ということを、ユニコーンから教わったというか。知り合ってもう33年ですけど、彼らは元気で今も現役で、僕も元気で今でも現役、というのが嬉しいです」

なお、本書の表紙には、『服部』のジャケット撮影時のアザー・カットも使用している。デザイナーの野本が30年の間、大事に保管しておいたポジフィルムを提供してくれたものだ。

そして。『服部』のほか、氣志團の2004年リリースのサード・アルバム『TOO FAST TO LIVE TOO YOUNG TO DIE』（ABEDONプロデュース）のジャケットも飾った中村福太郎さんは、2019年3月、98歳で亡くなられた。この場を借りて、謹んでご冥福をお祈り申し上げます。

第7章

『服部』のプロモーションとツアー

「大迷惑」からテレビへ進出

「よく憶えてるのは、「大迷惑」を聴いた時に〝これ、ものすげえ面白い曲だな〟と思って。この曲のビデオを、聴いた印象以上のインパクトのあるものにできれば、それがきっかけとなってアルバムまで繋がってうまくいくんじゃないかなと。当時の監督である板屋さんとそんな話をした記憶がありますね。そうしたら、普通に撮ったらただのライブになっちゃうところを、ああいうものになって。最初に曲を聴いた時のいい予感が倍増しましたね、〝これはいける!〟と」(中村)

「「大迷惑」のビデオが、すごくいい反応だったのは憶えてますね。メディアのみなさんも、それまでは心配されてたのが、あの映像で〝ああ、こういうことなんだ!〟というか、すごく良い評価をいただいて。で、その結果、売れたから。売れると誰もなんにも文句言わなくなりますからね(笑)。〝さすがだねえ、ユニコーンじゃないと、こういうことできないよねえ!〟みたいな、現金な」(中田)

レーベルも、マネージメントも、ユニコーンを広く世に知らしめるためのプロモーションは、『服部』から規模が大きく変わることになる。この章では、前半で『服部』のプロモーションがどのように組まれ、実行されていったか、そして後半では『服部』のツアーがどういうものだったかについて、スタッフたちに訊いた。

まず、ユニコーンが本格的にテレビに出始めたのは、このタイミングからだ。1989年、まだ〝地上波〟という言葉すらなかった（地上波しかないので）時代である。当たり前だがインターネットも携帯もない。テレビの持つ影響力は、今とは比較にならないほど大きかった。中村はこう述懐する。

「ユニコーン、ファースト・アルバムの時、シングル出さなかったじゃないですか。シングルを切らないで、PV（プロモーション・ビデオ。今で言うMV＝ミュージック・ビデオのこと）だけで牽引したんですね。セカンドで〝どうする？〟っていう話になったんですけど、結局その時もシングルを切らずに、PVだけ充実させようっていうことで、「I'M A LOSER」と「ぺケぺケ」を作り、そのプロモーションにはおカネをかける、と。そんな中、満を持してのファースト・シングルなんですよ、「大迷惑」は。なので、楽曲次第では〝次はテレビ〟っていうつもりで、宣伝のテレビ班は待っててくれたんですけど……「大迷惑」っていう曲とか、『服部』というアルバムのコンセプトとかを聞いていると、彼らはどんどん不安になっていくわけですよ（笑）。テレビのプロモーションって、社内でもキャリアのある方がやっていたので。ウチ（ソニー）で言うと、当時はTUBEとかがテレビで売れていて。そういうストライクゾーンとはもうまったく違う、空爆のような楽曲が下りてきたので

（笑）。でも、意外とチャート・アクションも良くて、テレビ局でも〝あ、ユニコーン、きてるんだな〟みたいな感じになって、そんなに苦労せずに決まった記憶があります」（中村）

『服部』のリリース前は、5月5日にNHK『ジャストポップアップ』と、5月25日にTBS『ザ・ベストテン』に出演。『ザ・ベストテン』は、まだベストテンに入っていない注目アーティストを紹介する〝今週のスポットライト〟のコーナーで、ツアー先の四日市文化会館からの生中継だった。ちなみにかつて驚異的な視聴率を誇ったこの番組は、1989年9月28日で放送が終了したので、ギリギリ間に合った、ということになる。

「テレビに出演した次の日のバックオーダー（レコード店からの注文）がドーンと跳ね上がるっていう時代でしたよね。特にユニコーンは、テレビで予想以上にはじけて、「大迷惑」が一時出荷切れした日もあったと思います。そうすると『服部』のイニシャル（初回枚数。レコード店からの事前注文の数で決まる）が、どんどん上がっていって。それで、初回限定盤の巾着袋を作るのが、間に合うとか間に合わないとかいう話を、スタッフがしていた記憶があります」（中村）

そして『服部』のリリース後は、7月26日にフジテレビ『夜のヒットスタジオDELUXE』。原田公一と鈴木銀二郎の記憶によると、『夜ヒット』の時は、ちょっとしたアクシデントがあったという。

「『夜ヒット』、超怒られたんだよね。「大迷惑」を歌ったんだけど、テレビ、ロクに出たことなかったから、カメリハで……普通にライブと同じように、動き回って歌うじゃないですか。そしたら『こら！　動くなボーカル！　カメラが追えないだろ！』とか言われて。そしたら奥田くん、本番は床に寝て歌ったんだよね（笑）。何も言えなかった、僕」（原田）

「あと、『夜ヒット』、中村福太郎さんと一緒に出たんですよ。司会の古舘（伊知郎）さんがいて、メンバーがいて、福太郎さんがいて、トークして。で、古舘さんが福太郎さんに『曲紹介お願いします』って振ったら『ユニコーンで「服部」です！』って間違えちゃって（笑）。『いや、違うんです、「大迷惑」です』っていう」（鈴木）

もうひとつ、9月18日には日本テレビ『歌のトップテン』にも出演している……いや、メンバーは出演していない。そう、坂上二郎が「デーゲーム」を歌ったのだ。

「あれは要するに、アルバムのプロモーションの中押し的に、より〝ユニコーンじゃなきゃできないことを〝って押し出す時に……ある日急に、河合マイケルに『あの歌詞を歌って一番合うのは坂上二郎さんなんだ』って言われて、〝は？〟ってなって（笑）。〝ああ、また変化球で来るんだ〟と思ったけど、〝だったら、きっちりテレビは出さなきゃな〟と思いましたね。それで二郎さんが『トップテン』で歌って」（中村）

「でもその時、そんなにビックリしなかったのは、『服部』で免疫ができていたからだと思う。もうなんでもあり、面白そうだったらやってみようっていうことが、どんどんできちゃうのが今のユニコーンなんだな、と思ってたから」（中田）

「そうだね。プロモーターも免疫ができてたから、例えばテレビのブッキングも、ユニコーン出ないけど交渉しに行ってくれて。〝それがユニコーンじゃん〟っていう、そういうノリで。テレビ以外も……メンバーはオフの時期だったから、稼働させずに、二郎さんのラジオコメントだけ録って、FM局とかに送りつけた記憶があります（笑）」（中村）

なお、坂上二郎は、『服部ツアー』の次のツアー、『パニック服部ブームツアー』の新宿厚生年金会館（1990年1月16日）で、ユニコーンと共演を果たしている。

独特の極みだった広島キャンペーン企画

それから、地元広島ではリリース後でツアー中の6月13日に、大々的なキャンペーン・イベントが組まれた。これは、デビュー前のユニコーンの発掘にも携わっていて、メンバーとの付き合いも長いスタッフ、ソニー広島営業所の鈴木浩が、同僚の古賀勝幸と考えたものだ。

「大迷惑」を購入済みで、『服部』を予約したファンが対象。その上で、ユニコーンのラジオ特集番組でキーワードをチェックして応募ハガキに書き、内容が明かされていない『Ｍｒ．服部の〝大迷惑なＨＡＴＴＡＲＩ ＳＨＯＷ〟ご招待』コースを希望した（ということは、他のコースもあったということだ）中から、１７０名が当選。

当日は16時から、市内の繁華街のレコード店前で受付開始。参加者は〝服部の裃《かみしも》〟と地図を手渡され、その裃を着てオリエンテーリング方式で市内を練り歩いた末に、ソニーの広島営業所前からバスに乗せられて、手島がアルバイトしていたライブハウス、ウッディストリートに連れて行かれる。そこで、事前に行なっておいた「ユニコーン・コピーバンドコンテスト」で選ばれた地元のバンド、ペペッシュがユニコーンの曲を演奏する。で、「もう一組コピーバンドを紹介します」と幕が開くと、そこには本物のユニコーンが。ファン、熱狂——という、当時も今もおそらくありえないほど手の込んだ企画だ。

「とにかく、広島のソニーの営業所的に、〝盛り上がらないと！〟という思いがあって。営業所に、古賀っていうけっこう圧の強い（笑）、面白い奴がいて、〝なんかやりましょう！〟って。彼と話していく中で、〝こういうことをやったら面白いんじゃないか？〟みたいに決まっていって、結局この形でやったんですけどね。まだまだこの時代って、レコード店さんとの結びつきが強かったんですよ。CBSソニーの『DAYS』ってビデオコンサートも、レコード店のホールを借りてやっていたし。そういった部分での結びつきをうまく利用できたかな、とは思いましたけどね」（鈴木浩）

音楽雑誌は毎月8誌

もうひとつ、重要なプロモーションがある。『服部』以前から行なわれていたことだが、各音楽雑誌への露出だ。バンドブーム当時は音楽雑誌の全盛期であり、その誌面に出ることで、熱心にバンドを追う少年少女たちの人気を獲得していくことが必要とされる時代だった。今のように何かリリースがある時に出るのではなく、毎月毎月誌面を飾る、というバンドも多かった。そういう人気バンドと人気バンド予備軍によって雑誌が運営されていた、と言っていい。ユニコーンは『服部』を待たずして、そういう音楽雑誌での人気バンドの、トップのひとつになっていた。これも中田研一の担当だった。

「とにかく、毎月毎月8誌も9誌も取材をやって。俺がスケジュールを預かって、基本的に音楽誌は全部、ページ数とか、露出の仕方とか……雑誌ごとに企画を変えないといけないじゃないですか。毎月8誌ある、かぶるとよろしくない、だから内容を考えるのが大変でしたよね。例えば〝アメ横ショッピングレポート〟みたいな企画を立てたりとか。あと、憶えてるのが、『アリーナ37℃』で表紙巻頭をやってくれることになって、早朝の3時だか4時に、明け方の渋谷で誰もいないスクランブル交差点で撮影をする、っていうアイディアを出したんですよ。当時、メンバーは新富町の音響ハウスで、ずーっと『服部』のレコーディングをしていて、もうヘロヘロで。そのスタジオ終わりで渋谷へ移動して撮影と伝えたら怒っちゃって。『なんでこんなところに取材を入れるんだ！』、『いや、巻頭カラーで、この企画だったらやれるっていうんでセッティングしたんだから、頼むからやってくれ』、『どっちが大事なんだ、制作とプロモーションと！』っていう話になって。音響ハウスを出る時に、メンバー全員と険悪なムードになったのを憶えてる。レコーディングの作業がまだ途中で、これから詰めなきゃ、みたいなところで移動の時間になっちゃったんですよね。だから余計ね」

ただし、バンドブームの当時は、音楽雑誌に関しては、人気バンドはみんなこんな動き方だった。10代の少女たちが支えていたブームであり、言ってしまえばアイドル的に露出することが必須だったわけだ。

「当時はとにかく音楽雑誌への露出を途切れさせないっていうのが、僕らの考え方だったんですよ」

と中田は言う。

「言ったら、ベテランの域にはまだ入っていないし、しかもデビューからずっと音楽雑誌に出ているので、それをパッと終わらせちゃうと、不安もあるじゃないですか。しかも今までは、こっちが出してくれって売り込んでいたのが、雑誌側から『ぜひ出てくれ』と言われるようになるし。『読者アンケート、必ずベスト3に入っているから』と。需要と供給が一致して、しかもバンドはどんどん大きくなる。〝これは継続したほうがいいよね〟という考え方でした」

マネージャーを引き継いだ原田も、最初は戸惑ったそうだ。

「『服部』のジャケットって、メンバーの写真、ちょっとだけでしょ。すでにこの頃、音楽雑誌の撮影だらけだったから、着せかえ人形みたいに着替えたりするのを、メンバーはすごく嫌がってましたね。僕も、マネージャーになってスケジュールを見たら、毎月7誌も8誌も音楽雑誌の取材が入ってる。『え、これ、やんなきゃいけないの?』って訊いたら、『やんなきゃいけない』って中田が言うから。『この月はこの雑誌を休んで別の雑誌をやって、とか、できないの?』、『ダメです、全部やんなきゃいけないんです。毎月出ないと次のリリースの時に表紙が獲れない』とか。その8誌の取材、みんな10ページぐらいずつで、アルバムタイミングだと倍くらいになる。それを毎月毎月やってたら、それは疲弊するよね。そんなにバンドの歴史もないんだからさ、語ることもないよ。今の話をするしかないじゃん。撮影も大変だしさ、可哀想っちゃ可哀想だったよね」

ユニコーン解散後の1994年に、奥田民生がソロ・デビューした時、最初は〝取材一切受けません〟というスタンスだったのは、明らかにこの時期の反動だろう。ファースト・アルバム『29』のリリース当時、音楽雑誌の中では硬派なほうだった（なので、バンドブームの頃はユニコーンとちょっと距離があった）『ロッキング・オン・ジャパン』誌だけは、2号連続で表紙巻頭インタビューを受けたが、その1号目も撮影なし、レコード会社がメディアに出しているアーティスト写真が表紙になる、という徹底ぶりだった。

『服部』のツアーは計三回

さて、『服部』のツアーだ。1989年4月24日、新潟市民会館から『服部ツアー』がスタート、7月10日の日本武道館ファイナルまで41本。『服部』のリリース日は6月1日なので、ツアーの前半の21本は、リリース・ツアーなのに『服部』の発売を待たずに行なわれたことになる。このツアーがブッキングされたのは、原田公一・鈴木銀二郎体制になる前。ただし、関係者の話を合わせると、ファイナルの日本武道館は、原田になってから追加したスケジュールのようだ。その武道館では、「服部」姓の人を50人無料招待し、それまでのツアーのセットリストを逆に演奏するという企画が行なわれた。

そして原田は、このあとさらに2本のツアーを切る。まずは『服部ツアー』のファイナルが日本武道館で終わった5日後に、早くもライブハウス・ツアーを行なっている。1989年7月15日から7月24日までで、小倉IN&OUT、徳山ブギーハウス、姫路FORUS、枚方ブロウダウン、前橋ラタンという、政令指定都市を外した5本。前橋ラタンは、デビュー前の1987年9月1日、対バンの高校生バンドが急にキャンセルしたせいで動員が0人になったことがあったため、その時のリベンジだろう。

ちなみにこの5本は、クサイモン&ワキガーファンクル、BLUE MOUNTAIN BROTHERS、ハムーの3バンドが出演という、変名でのツアーだった。クサイモン～は民生と阿部のフォークユニット、BLUE MOUNTAIN BROTHERSは川西・手島・ＥＢＩのバンド、ハムーはユニコーン。

「あれはもうお遊びだよね、完全に」と原田は言う。

「あの頃は武道館が頂点だったから。武道館までやったから、グッと小さくするっていう。ストーンズがライブハウスでよくやるじゃないですか。いきなり別名でライブハウスでやるっていう。それが頭にあったかもしれない。〝武道館で終わりっていうんじゃないよね〟っていうのがユニコーンらしさだと思うし。BLUE MOUNTAIN BROTHERSって名前は、広島にあった喫茶店から取ったんだ」

ハムーは、菊池桃子のラ・ムーをもじっているのと、ツアー先のホテルでチェックアウトする時、原田がサインして立ち去ろうとしたら、『ハムー様!』と呼び止められた（「公一」をそう読んだ）というエピソードがネタ元。

そして、１９８９年10月24日の埼玉・戸田市文化会館を皮切りに、３月３日山形県民会館まで28本を回る『PANIC服部BOOMツアー』。タイトルどおり、これまでの3枚のアルバムすべてのツアーという位置付けで、ここでは日本武道館が2月15日、17日、22日の3日間に増えている。

『服部』以前のライブ戦略

関東圏のユニコーンのイベンター、ディスクガレージの鈴木俊吾、地元・夢番地のイベンターでユニコーン担当だった岡田哲からも話を聞いた。ふたり曰く、前任マネージャーの時期から、ツアーによってバンドを大きくしていくことに、とても熱心に取り組んでいたという。

「当時の僕の手帳を見ると、しょっちゅうエイプリル・ミュージック（当時のユニコーンの事務所名／現SMA）に行ってるんですよ、打ち合わせで。例えば『PANIC ATTACK』の時は日本青年館で、第一部はお客さんもメンバーも座ったまんまで、全曲アルバムの曲順どおりにやって、第二部は通常のライブをやる。そういうことを考えたりして、頻繁に打ち合わせしてた記憶があります」（鈴木俊吾）

「イベンター会議とかよくやってたね。全国のイベンターを集めて、事務所の人がホワイトボードに書いて説明していた記憶がある。今はあまりないですけど、当時は多かったですね、イベンター会議って」（岡田）

「ユニコーンは、ツアーのたびにどんどんサイズアップしてましたもんね。あと、当時、音楽雑誌は『PATi PATi（パチパチ）』、テレビはTVK（テレビ神奈川。邦楽ロックのコンテンツが売りだった）が全盛だったから、いつも一緒にイベントやってたんですよ。夏と大晦日、夏はよみうりランドイーストで、年末は新宿コマ劇場。プリプリとかジュンスカ、UP-BEAT、BUCK-TICK、そういうバンドを集めてイベントをしょっちゅうやっていて。その中でもユニコーンが一番盛り上がってたなあって感じはしていましたね、『服部』の前の段階で。だから『服部』の時、僕が原田さんに『武道館やりましょうよ！』とか言ったのかもしれない。はっきり憶えてないけど、でもそれくらい、相当な右肩上がりで来ている実感がありました」（鈴木俊吾）

『服部ツアー』で知った、「ブレイクとはこういうこと」

そしてそのとおり、『服部』以降のツアーは、動員の爆発的上昇も、それに付随するいろいろなことも含めて、本当にどえらい状態になる。鈴木俊吾と岡田哲のほかに、広島営業所の鈴木浩や、マネージャー原田公一、鈴木銀二郎も、渦中にいただけによく記憶している。

鈴木浩（以下：浩）「当時のツアー、今見ても、すごい本数切ってますよね。僕が憶えてるのが、島根で原田さんが、カメラ小僧を捕まえて……」

鈴木銀二郎（以下：銀二郎）「ああ！　あったあった！」

岡田「あの頃いたよね、カメラ小僧」

浩「すごい望遠のカメラを、コートで隠して入って来る奴、いたんですよね」

岡田「それで写真を撮って、終演後に会場の外で売る」

浩「撮ってすぐプリントして来て……。すごいですよね。本当に激変しましたよ、『大迷惑』で『ザ・ベストテン』に出たあと。ソニーの広島営業所というのは、広島と岡山、あとはＦＭ局があった山口とか山陰もカバーしていたんですけど、日本海側の人気は普通なかなか厳しいものなんですよ。でもユニコーンは山陰も行くし、満員になるし、そのあと四国も回るようになる。それまで女の子のファンがメインだったのが、松山で、丸坊主の学生服の男の子が、チャリンコでタクシーを追っかけてきたり。目に見えて状況が変わった。本人たちは変わらないんですけど」

銀二郎「とにかく、圧倒的に移動が大変になりました。鈴木（俊吾）さんたちに、羽田空港に迎えに来てもらったことありました。ファンがいっぱい来ちゃうから」

俊吾「ああ、ありましたね。原田さんから電話があって羽田に迎えに行ったり、東京駅に迎えに行ったり」

原田「今の人たちから想像できないと思いますけど、ファンがとにかくキャーキャーすごくて。僕も、駅とか、もう苦痛でしょうがなかったもん。駅のホームや階段を平気で周りの人にぶつかりながら走ってくるから、危なくてしょうがない。メンバーに対して〝この人たち、本当に可哀想だな〟と思ったもん。ホテルにも入ってくるから眠れないし」

また、当時のツアー・スケジュール自体も、かなり過酷な切り方をされている。今はホール以上の規模で回るバンドは、基本的に週末の土日に興行を当ててウィークデーは東京に戻る、というのがセオリーだが、当時のユニコーンは3日連続は当たり前、一旦ツアーに出たら半月とか20日間とか東京に帰れないのが普通な状態。ただ、鈴木俊吾に言わせると、「ユニコーンだけが特別だったわけではないと思いますよ」とのことだ。

浩「でも、大変だなと思ったのが……広島FMでレギュラーをやっていたんですね。その収録で、月に2回、広島に来てもらっていて。っていうことになると、ツアーの間の移動日がなくなっちゃうわけですよね。本来なら東京に帰れるポイントでその収録を入れちゃうから、20日間帰れない、というのは、よく言ってましたね」

ツアーでバンドとしての筋肉を得る

というような、さまざまな大変さもはらみつつだが、このツアーでユニコーンの音楽的基礎体力、パフォーマンス力が著しくアップしたのも事実だ。原田は「やっぱり逞しくなったんじゃないですかね」と言う。

「『服部』、オールジャンルな感じのアルバムじゃないですか。ライブでもそれを表現できてたから、音楽の質的に豊かなバンドになったんじゃないかなと。それをツアーでこれだけの本数やれば、いい筋肉になるんじゃないですかね」

「あと、曲のバリエーションに合わせて、使う楽器の量もすごく増えるんですよ」と、銀二郎。

「このツアーから、2バンド分ぐらいの量になってましたね。さらに、『ＰＡＮＩＣ服部ＢＯＯＭツアー』から、阿部もギターを弾くようになったし」（銀二郎）

「「パパは金持ち」があるから、ドラムも2セットになった。全員がいろんな楽器をやるっていうのは、そういうことだからね。まあメンバーも、それまでラテンなんて通ってないんだもんね（笑）。でも、今の世代の人たちは、配信とか動画サイトとかで、すごい聴いてるじゃない。OKAMOTO'Sとかさ、いろんな時代の音楽を同時に聴いてるけど、当時の僕たちは、いちいち買わなきゃ聴けなかったから。自分の音楽の幅を広げるっていうのが、なかなかできなかったけど、バンドだと5人いるし、5人バラバラの嗜好があるから、それがどんどん広がっていって。で、マイケルがいて、僕がいて、みんなでいろんな音楽を持ち込んでたから、それで広がるっていうのはありましたね。そうやって音楽を共有して、〝これいいねえ〟って、みんなでスタジオの中で作っていく、それをライブで試していくっていう作業は、この頃ならではでしょうね。今は個の時代だから」（原田）

第8章

『服部』のレコーディングスタッフ、30年ぶりに集結。マルチを聴いて座談会

本章は、『服部』のレコーディングに関わったスタッフが、30年ぶりに全員スタジオに集まり、そこで『服部』[注1]のマルチテープを1曲ずつ聴きながら、当時のことを思い出して話し合う、という企画である。以下、参加してくださった方々の、『服部』にクレジットされている業務と名前。

現場監督　マイケル鼻血
先生　笹路なんつったって正徳っつうぐらいのもんで
録音及び左右まとめ技師　大森〝シモン〟政人
録音及び左右まとめ技師（「ハッタリ」）　深田晃（レコーディング&ミックス・エンジニア）
音楽家手配師　高村宏（ミュージックランド）
契約舎弟　鈴木〝銀ちゃん〟銀二郎（CSアーティスツ）

以上の6名に加え、この時期はまだクレジットされていないが、のちにユニコーンのレコーディングに関わり、『ヒゲとボイン』以

河合誠一マイケル

笹路正徳

大森政人

降のユニコーンや、奥田民生ソロのエンジニアを務める宮島哲博も、〝卓でマルチの音を出す人〟として参加してくれた。基本、みんなで曲を聴き終わって、誰かが話し始めている、という風に読んでください。最後には〝全曲聴き終えて、どんなことを感じましたか？〟と、ひとりずつ答えてもらっています。

注1 マスターテープ
アナログ・レコード盤やCD、ミュージック・テープのもとになる音が録音されたテープのこと。これに対してSLAVE（スレーブ）テープもあり、マスターが「主」でスレーブは「従」である。例えばシンクロ演奏を行なう場合、コントロールする側がマスターで、コントロールされる側をスレーブと呼ぶ。

宮島哲博

鈴木銀二郎

高村 宏

深田 晃

M1 ハッタリ

おかしな2人～ツイストで目を覚ませ～抱けないあの娘～MAYBE BLUE～FALLIN' NIGHT～ペーター～I'M A LOSER～パパは金持ち～君達は天使

作曲：奥田民生／「おかしな2人」「ツイストで目を覚ませ」「抱けないあの娘」「MAYBE BLUE」「FALLIN' NIGHT」「I'M A LOSER」「パパは金持ち」
作曲：堀内一史／「ペーター」「君達は天使」
編曲：笹路正徳

●楽隊
管弦楽：笹路なんつったって正徳っつうぐらいのもんで　と　オルケスタ・デル・アミーゴ

●録音
レコーディング・エンジニア：深田 晃
レコーディング・スタジオ：太平スタジオ（1989年3月22日頃）

――このオーケストラは全部で何人ですか？

高村「27人とか28人とか、それくらいだったと思います」

――オーケストラを連れて来たんじゃなく？

高村「違います、ひとりずつ集めて。笹路さんがお好みのミュージシャンで、軸になる方がいるので、そういう方を中心に集めましたね。〝ホーンはこの人を中心に〟という風に」

——選曲と曲順はどのように？

笹路「メンバーとマイケルと原田さんたちと、何の曲を入れるかを話し合って。曲の順番は、つながりがあるから僕が考えたかもしれないけど、どの曲を入れるかはみんなで相談したのは、憶えてるんですよね」

——スコアを書いたのは笹路さんですよね。

笹路「うん。（当時のスコアを見ながら）……これ、ひどいね。楽器の順番がめちゃくちゃなんだよ」

一同「（爆笑）」

笹路「独学もいいところだよ。初めてスコア

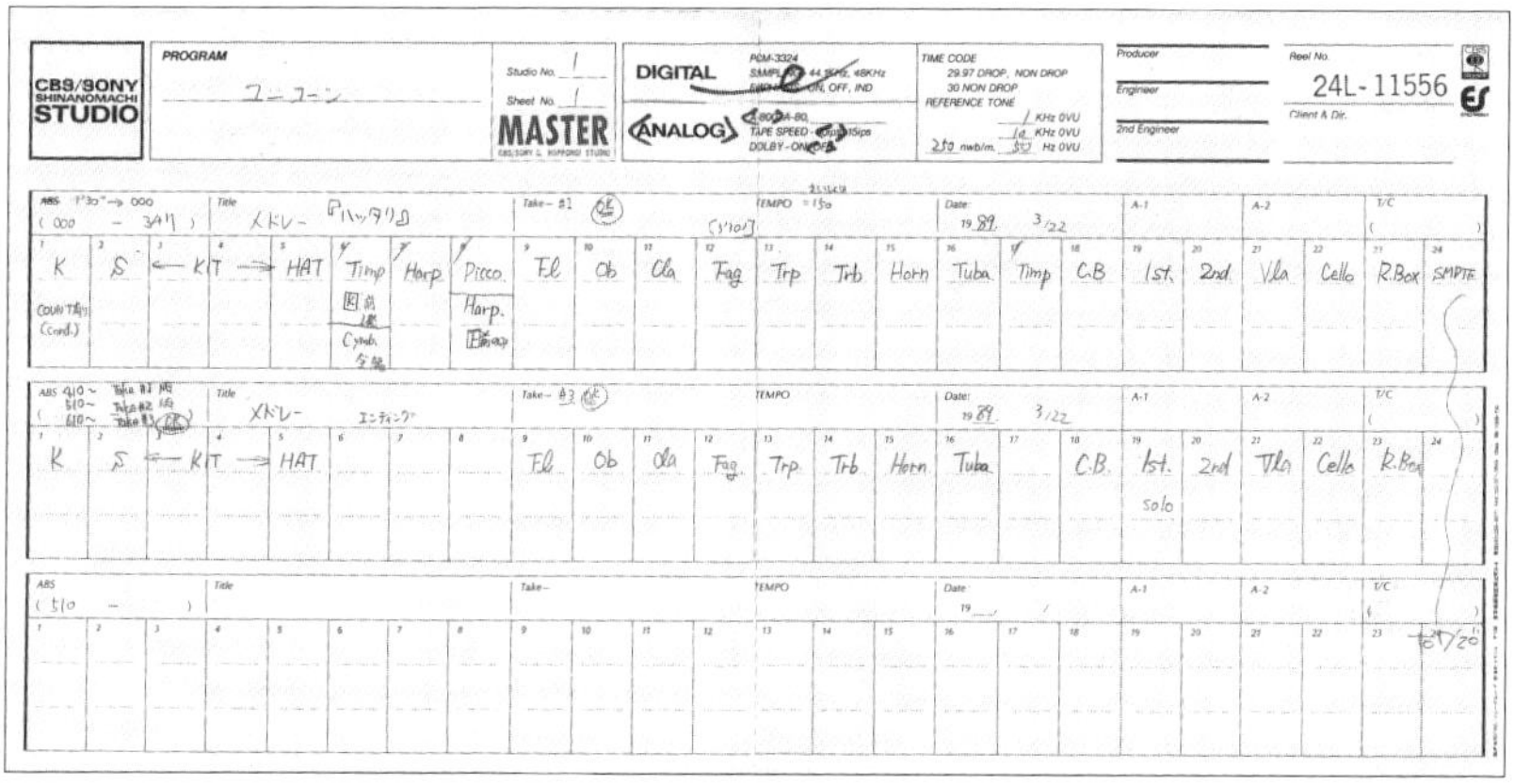

TRACK DATA（Orchestra）

① Kick ② Snare ③④ Drum Kit ⑤ Hi-Hat ⑥ Timpani ／ Cymbal ⑦ Harp ⑧ Piccolo ／ Harp ⑨ Flute ⑩ Oboe ⑪ Clarinet ⑫ Fagotto ⑬ Trumpet ⑭ Trombone ⑮ Horn ⑯ Tuba ⑰ Timpani ⑱ C.B ⑲ 1st.Violn ⑳ 2nd.Violin ㉑ Viola ㉒ Cello ㉓ Rhythm Box ㉔ SMPTE

を書いたわけじゃなかったんだけど、この規模のは、まだやったことなかったから」

――こういうのって、前もって譜面を渡しておいて、現場で「せーの」なんですか？

高村「いや、みなさん、初見弾きです。スタジオに来て、譜面を渡して」

笹路「今はわりと、前もって譜面を渡すんですよ。だけど、当時なんて、アレンジャー、レコーディングの日の朝まで譜面を書いてますから。これも2時間ぐらいのセッションで録っちゃいましたね」

高村「このオーケストラ、マイケルさんも参加してましたよね」

マイケル「え、そうだっけ？」

高村「合わせシンバルとか、ティンパニとか」

宮島「(トラックシートを見て) そこは、あとからダビングしてますね」

笹路「そうだ、マイケルがあとでティンパニとか足したんだよ」

――オーケストラは何テイク演奏しました？

高村「3テイクくらいでしたね」

笹路「でもこれ、使ったテイクは1回目かもしれない」

――そもそもこういう風に、オーケストラでメドレーをやろうと言い出したのは？

マイケル「基本的にはこれ、僕がやってみたかったことなんです。映画の『マイ・フェア・レディ』のプレリュードとかがすごく好きで」

笹路「でも民生がさ、この頃、妙にミュージカルを聴いてたでしょ。だから民生発信だろうと思ってたんだけど。だって、スタッフが〝こういうのやろう〟って言わないよね……（マイケルを見て）……いや、言うか（笑）」

――深田さん、これをいっぺんに演奏して、トラックに分けて録るのは、どのように？

深田「それは、マイクいっぱい立ってますから」

笹路「例えば、今だったらビッグバンドでトランペットが4本いたら、4本全部違うトラックに録っちゃうけど、当時はベテランの方々は、トランペット4本をまとめて1チャンで録っちゃったりしてる。そうしないとチャンネルがないから……」

深田「そう、24チャンしかないですからね。ドンカマ（クリック）[注2]と、シンク・トラック[注3]（SMPTE）で2チャンネル使わないといけないので、実質は22チャンですよ」

――ダビングもその日に終わったんですか？

笹路「うん。『せーの』で録って、みんな帰ってからすぐダビングやるんですよ。ハープとか、マイケルのティンパニとか。これ、棒振り（指揮者）もいるよね？」

高村「笹路さん、やったんじゃないですか？」

笹路「いや、やってないよ」

高村「棒振りは手配してないです」

笹路「ええっ？　憶えてないなあ。このパターンだと、指揮者を入れることが多いんだけど、そうか、入れてないんだね。じゃあ俺が振ったのかなあ？　途中のテンポが変わるところでドンカマ止まってるから、誰かが振らないと無理だもんね」

注2　ドンカマ

リズム・マシン、もしくはそれによるメトロノーム信号のこと。コルグ社のドンカマチックという初期のリズム・マシンが語源。トラック・シートに記載されているクリックも同意。

注3　シンク（Sync）・トラック

同期信号を使った録音の際に、テープ・レコーダー上でその同期信号を録音するトラックを指す。通常はトラックの両端のトラックが使われる。トラック・シートに記載されているSMPTEとは、タイム・コード信号の一種で、元来ビデオ・テープ・レコーダー同士のシンクロやオーディオ・レコーダーとのシンクロ用に使われていたが、音楽制作にも使われるようになった。このタイム・コード信号は、テープ上の「ものさし」として機能し、時間・分・秒の情報のほかに、さらに細かいフレーム（1／30秒単位）をテープ上に記録する。

M2 ジゴロ

作詞：奥田民生　作曲：川西〝西川〟幸一

●楽隊
ボーイ・ソプラノ：ペーター
キーボード：阿部義晴

●録音
レコーディング・エンジニア：大森政人
レコーディング・スタジオ：スタジオ・テイク・ワン（1989年3月5日〜8日）

《曲のエンディングに、子供の笑い声が大量に入っている》

――今のはなんですか？

鈴木銀二郎「マイケルさん、この頃、『子供の笑い声は怖い』ってよく言ってましたよね」

マイケル「そうそう。それで録ってみたけど、結局使わなかったんだよね」

宮島哲博「あと、これ、別のボーカルも入ってますね。川西さんが歌ってる仮歌です」

笹路「これを子供に聴かせて歌わせたんだね。あと、イントロは、「ハッタリ」のレコーディングの時に、一緒に録ったんだ」

——子供に歌わせようというアイディアは？

マイケル「これ、僕だと思うんだけど。太田螢一というミュージシャンでイラストレーター、ゲルニカのメンバーだった人なんだけど、その人が出した『太田螢一の人外大魔境』（1983年）っていうソロ・アルバムがあって。その中に、「西安の子供市場」っていう、人身売買のことを子供が歌ってる曲があって、それが大好きだったの。で、頭2曲、ユニコーンが全然出てこないアルバムになった（笑）」

——作詞が民生さん、作曲が川西さんですが。

笹路「憶えてるんだけど、歌詞にクレームが来たん

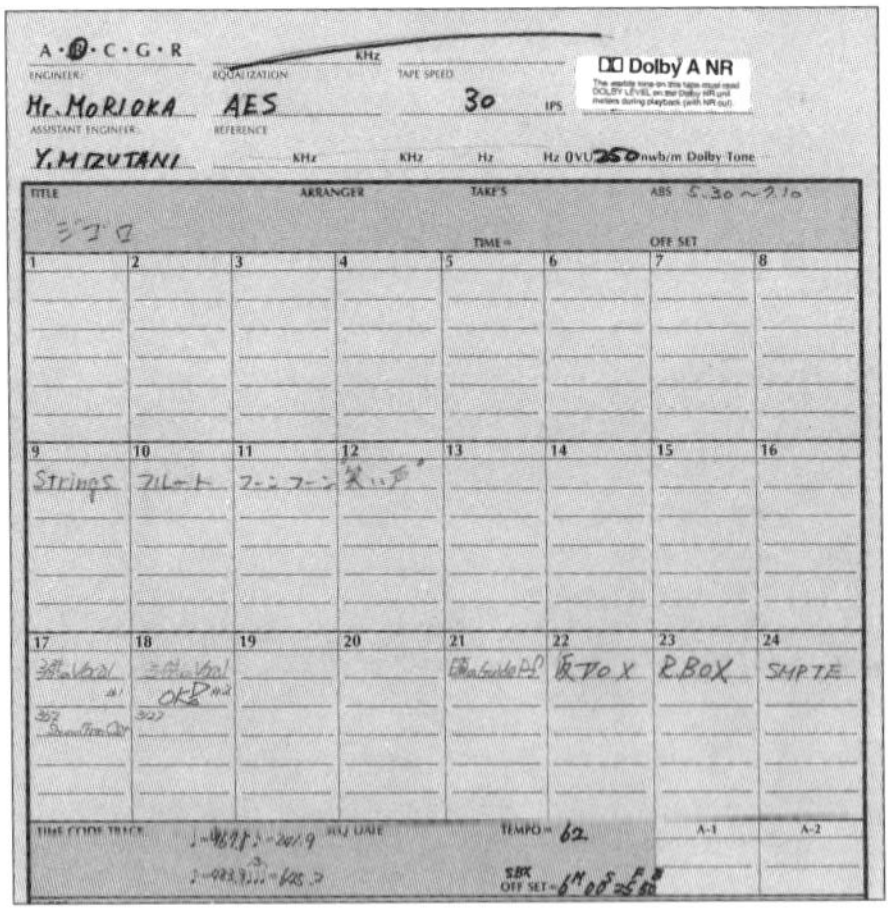

TRACK DATA

①〜⑧No Data
⑨Strings
⑩Flute
⑪フーン フーン
⑫笑い声
⑬〜⑯No Data
⑰⑱子供のVocal
⑲⑳No Data
㉑頭のガイドPiano
㉒仮Vocal
㉓Rhythm Box
㉔SMPTE

ですよ。歌ってる子の親から（笑）」
高村「オーケストラは初見だったけど、子供だから、これは事前に渡したんですよ。10日ぐらい前には欲しいと言われて、譜面と川西くんが歌ってるデモを渡して、とにかくお母さんに怒られて（笑）。合唱団にオーダーして来てもらった子だったんですけど、当日、お母さん、〝不埒なこのテクニック〟のところとか、すごい怖い顔して見てました（笑）」
銀二郎「この子、２００９年にユニコーンが復活した時の日本武道館に来たんですよ。メンバーと写真撮ったんです（と、見せる）」
一同「（見る）おおっ！」
銀二郎「歌ったのが10歳の時で、この写真の時が30歳。だから今は40歳ですよね」

M3 服部 （仮タイトル「なまはげ」）

作詞・作曲：奥田民生　編曲：笹路正徳

●楽隊
リード・ヴォーカル：奥田民生
ギター、コーラス：手島いさむ
ベース、コーラス：堀内一史
ドラムス、コーラス：西川幸一
キーボード、コーラス：阿部義晴

●録音
レコーディング・エンジニア：大森政人
レコーディング・スタジオ：音響ハウス（1989年3月3日）

笹路「音がいいよねえ、やっぱり。この曲だけじゃなくて……今回ちゃんと、前もって家で『服部』を聴いてきたんですよ。この時代のＣＤって、当時のデジタル技術だから、なかなか音が厳しいものなんですけど、『服部』は音が良くてびっくりしちゃった。これ、マスタリング[注4]はどなたが？　クレジット、ないんだよね」

マイケル「マスタリング？　ない、かもしれない」

笹路「え、ないってことがあり得たんだっけ？」

大森「いや、89年だと、マスタリング、なかったかもしれない。レベルぐらいはいじりますけど、マスタリングって概念はなかった、レコードからCDになり始めの頃は」

宮島「レコードはやってたけど……」

マイケル「そう、レコードはカッティング（溝を掘ること）があるからマスタリングしなきゃいけないけど、CDは必要ないでしょ、っていう考え方。だからこの時代のCDってマスタリングされてない。もうちょっと経つと、CDでもマスタリングするようになるんだけど」

笹路「すごい時代だなあ（笑）」

マイケル「でも、この「服部」で、やっと、ロック・バンドっぽい曲が出てきたね」

笹路「というか、これだけだよね（笑）。この曲があるからこのアルバム救われてるんじゃないかな。だってこれがなかったらさ、なんだかわからないよね。バンドっぽさがまっ

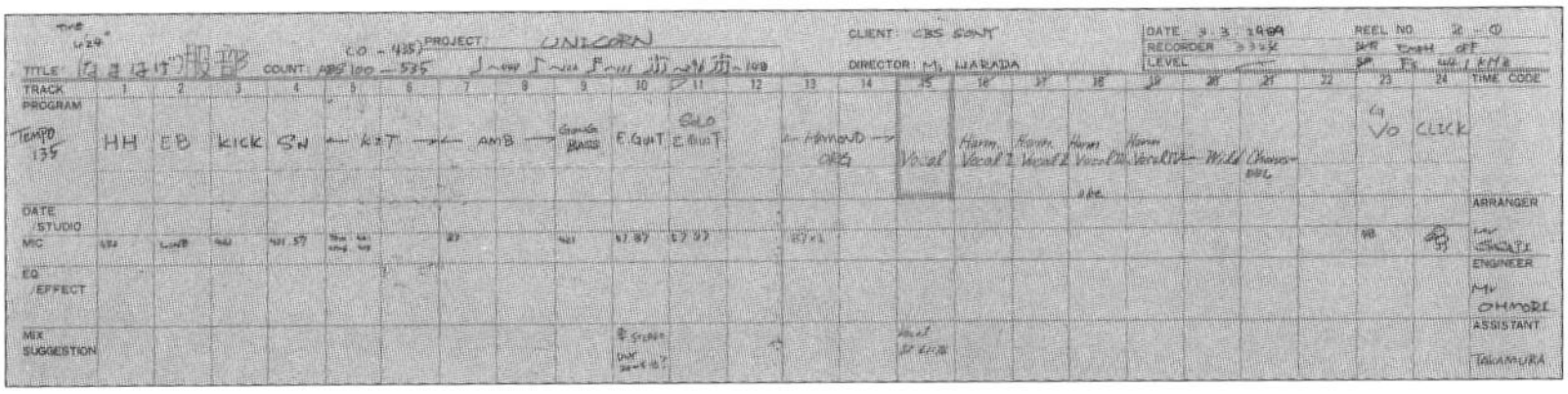

TRACK DATA

①Hi-Hat②Electric Bass③Kick④Snare⑤⑥Drum Kit⑦⑧Reverb(Ambient)⑨Gong Bass
⑩Electric Guitar⑪Electric Guitar Solo⑫No Data⑬⑭Hammond Organ⑮Vocal
⑯Harmony Vocal 1⑰Harmony Vocal 2⑱Harmony Vocal 3(Abe)⑲Harmony Vocal 4
⑳㉑Wild Chorus㉒No Data㉓Guide Vocal㉔CLICK

たくない」

大森「これはすごくいいトラックだなと思いますね」

笹路「テッシーのソロもいいよね。非常に脂っこいギター・ソロで。テッシーって、ちょっとメタルみたいなところがルーツだからさ、当時こういうブルージーなのは得意じゃなかったと思ったんだけど。すごくいいね」

注4　マスタリング

アナログ・レコードの場合はカッティングと同義語。CDの場合は2トラック・マスター・テープ（アナログまたはデジタル）から、CDカッティング用マスター・テープ（デジタル）を作る作業をいう。CDカッティング用マスター・テープにはデジタル音声信号以外にインデックス・ナンバーや演奏時間などの情報も必要なため、たとえ2トラック・マスター・テープがデジタルであっても、単純なダビングで済ませることはできない。なお、このマスタリングの際に音質補正などを行なうことも多い。

『服部』マスタリングについての補足

座談会時には「マスタリングが行なわれていなかった」という話でしたが、その後の大森氏の調べで『服部』のトラック・ダウン・マスターはアナログ・ハーフ・インチだったことが判明しました。デジタル・マスターの添付資料に「アナログ・マスターからフラットに作成した」旨の記述があることから、CD用のデジタル・マスターを作るためのマスタリングは行なったが、積極的に音質を変化させるようなマスタリングは施されず、アナログ・マスターからイコライザーなどを使わずストレートにデジタルにコピーして、曲間調整や曲ごとの音量差を調節してCD用マスターを作成したものと推測されます。

「服部」のコード譜。まだ仮タイトルの「なまはげ」と記されている。ちなみにコードネーム「G－」などの表記は「Gm」を略したもの。

「服部」作詞・作曲：奥田民生

M4

おかしな2人

（仮タイトル「ニーズ・オブ・ファン」）

作詞：川西〝西川〟幸一　作曲：奥田民生　編曲：笹路正徳

●楽隊
リード・ヴォーカル、ギター：奥田民生
ギター、コーラス：手島いさむ
ベース、コーラス：堀内一史
ドラムス、コーラス：西川幸一
キーボード、コーラス：阿部義晴

●録音
レコーディング・エンジニア：大森政人
レコーディング・スタジオ：観音崎マリンスタジオ（1989年2月22日）

笹路「この曲もだけど、ユニコーンってね、普通よくある2ハーフみたいなのがないんですよ、曲の進行が。Aメロ一回しかやってない曲、けっこうあるでしょ。この曲も、サビは最後まで出てこないし。だから、曲の構成がちょっと違うんですよね。いろんな要素が入って来るというか」

マイケル「ファースト・アルバムとかは、もっと普通な進行をしてた気がするんだけど、やっぱり民生なんかが、XTCだとか、バカラックだとか、そういうものを聴く流れの中で、ちょっと作風が変わっていったっていうのはあるね」

笹路「2枚目で、すでに……メンバーが曲を持ってくる時、簡単なコードだけ自分で書いてくるんですけど、その時もう〝コード、変な行き方だなあ、変わってんなあ〞って曲があったからね」

マイケル「誰かと誰かの曲を足して1曲にしたりとかね」

笹路「ああ、そうだそうだ」

マイケル「「おかしな2人」は、最初からこの形だったけど。仮タイトルが「ニーズ・オブ・ファン」だったんですよ。これが、当時民生が考える、〝ユニコーンってこういうことが期待されてんじゃないの？〞っていう曲。そういう曲を1曲書いてみました、っていうことだったんですよ」

笹路「このややこしいイントロは誰が考えたの？　民生だっけ？」

銀二郎「ですね。デモの時からこれでした」

――メンバー、苦労してました？

銀二郎「してた。八ヶ岳の合宿の時から、川西くんがずっとこのイントロを、ひとりで練習してたのを憶えてる」

笹路「よくわかんなかったから、僕が譜面を起こした記憶がある、こ

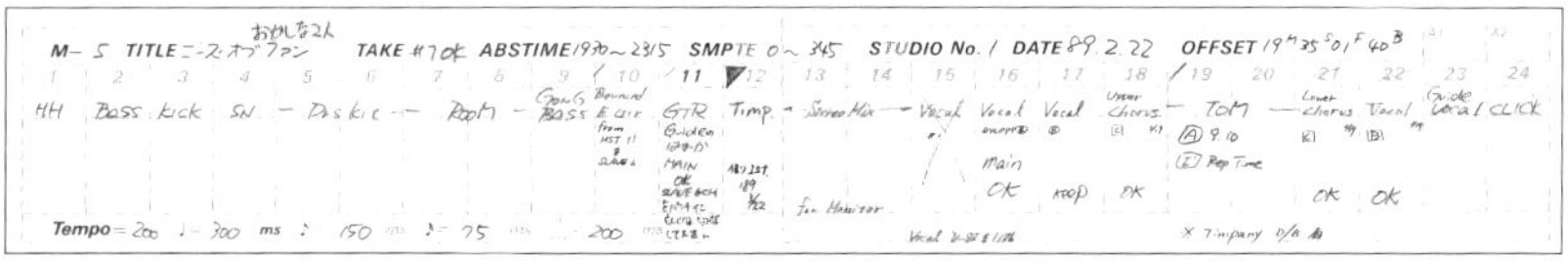

TRACK DATA（MASTER）

①Hi-Hat②Electric Bass③Kick④Snare⑤⑥Drum Kit⑦⑧Reverb（Room）⑨Gong Bass
⑩Bounced Electric Guitar⑪Electric Guitar Solo⑫Timpani⑬⑭Stereo Mix⑮Vocal（NG）
⑯Vocal⑰Vocal⑱Upper Chorus⑲⑳Tom㉑Lower Chorus㉒Vocal㉓Guide Vocal㉔CLICK

のイントロの」

銀二郎「再始動の時も、ずーっと練習してた（笑）」

笹路「カッコいいよね。今聴くと、いろんな要素が入ってるよね、この曲。ティンパニとかは、イミュレーター（サンプラー）？」

大森「いや、ティンパニは本物です」

笹路「イミュレーターは阿部が買ったんだっけ？」

銀二郎「そう。それがこのアルバムでは活躍してますね」

笹路「民生、ポリスなんかもよく聴いてたよね。すごい上のほうでハモってるのとかも、若干その影響もあるかもね。サビのハモはね、僕が譜面を書いたような記憶があるんですけど、一番上の声、出るかなあと思ったんだけど。出ちゃったからびっくりした記憶がある。すごいボーカリストですよね。今聴いてもすごいと思う」

マイケル「あと、川西くんの歌詞、女の視点だよね。そういう曲もユニコーンの面白いところだよね」

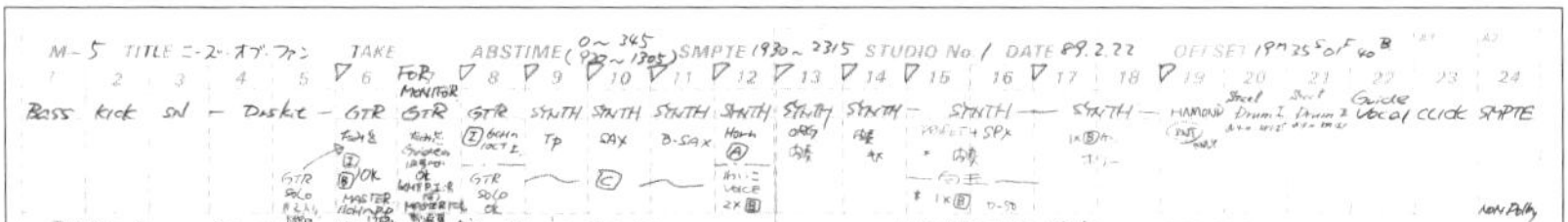

TRACK DATA（SLAVE）

①Electric Bass②Kick③Snare④⑤Drum Kit⑥Electric Guitar（奥田）⑦Electric Guitar（奥田ガイド）⑧Electric Guitar（手島）⑨Synth（Trumpet）⑩Synth（Alto Sax）⑪Synth（Baritone Sax）⑫Synth（Horn）／わいこVOICE（こわい＝怖いVOICE）⑬Synth（Organ間奏）⑭Synth（間奏キメ）⑮⑯Synth（Profet+SPX）⑰⑱Synth（間奏ホワー）⑲Hammond（Introのみ）⑳Steel Drum 1 ㉑Steel Drum 2㉒Guide Vocal㉓CLICK㉔SMPTE

第8章 『服部』のレコーディングスタッフ、30年ぶりに集結。マルチを聴いて座談会

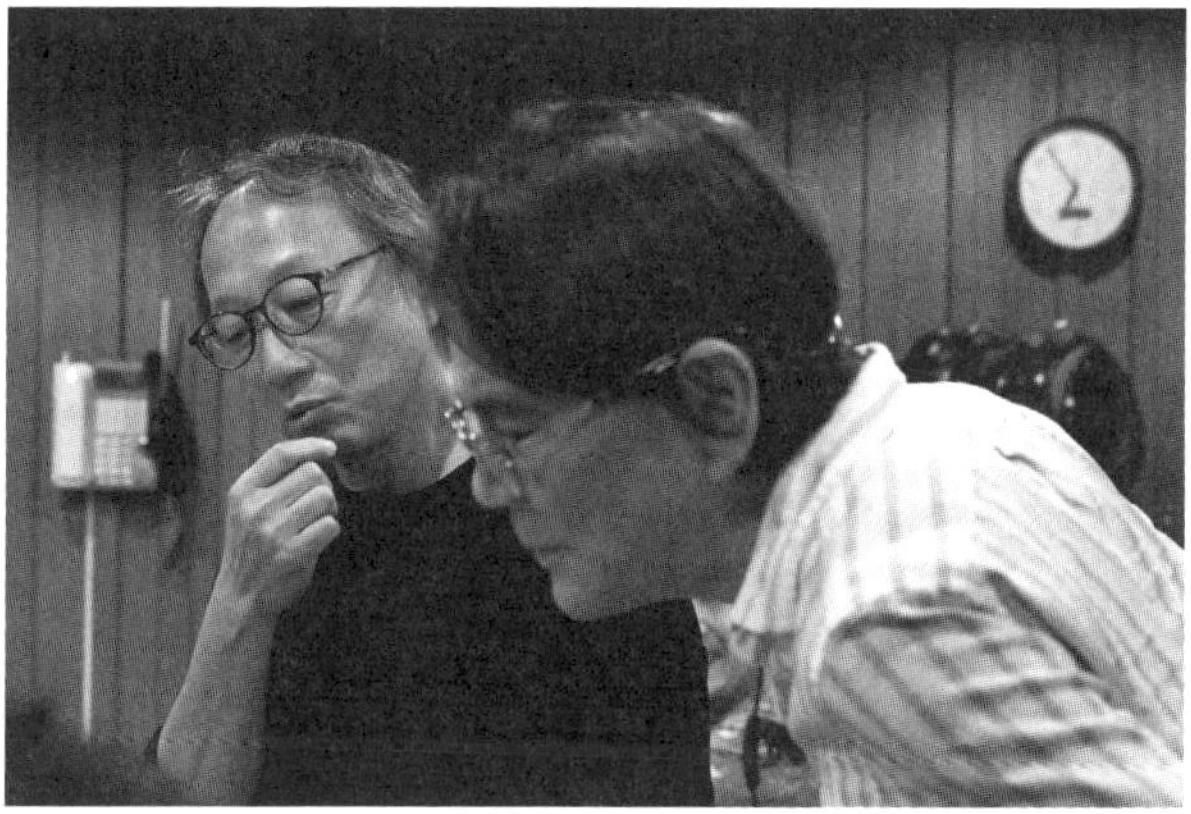

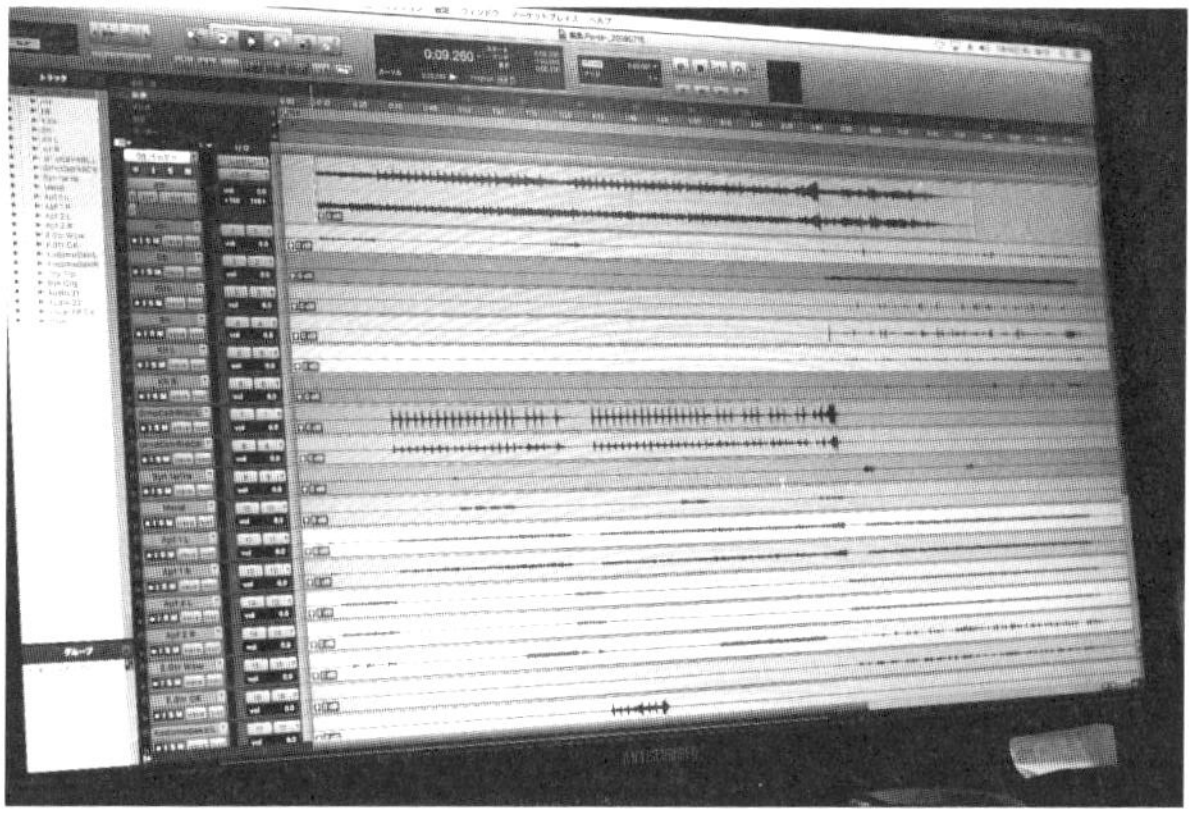

M5 ペーター（仮タイトル「ペタシ」）

作詞・作曲：堀内一史　編曲：笹路正徳

●楽隊

リード・ヴォーカル、ベース：堀内一史
トイ・トランペット：奥田民生
ギター：手島いさむ
ドラムス、グラン・カッサ、合わせシンバル小：西川幸一
キーボード、合わせシンバル大：阿部義晴
ギター：笹路なんつったって正徳っつうぐらいのもんで

●録音

レコーディング・エンジニア：大森政人
レコーディング・スタジオ：音響ハウス（1989年3月4日）、スタジオ・テイク・ワン（3月6日）

――この曲、ドラムセットじゃなくて、大太鼓と合わせシンバルとスネアでリズムを作ってますよね。

笹路「ああ、そうだった、そうだった。グラン・カッサ（大太鼓）を使ってるんだ……なんでこんなことをやったんだろう？　どうかしてるね（笑）。この曲、妙にジャズみたいなアレンジになってるけど、あれは、俺とかマイケルが〝こういう風にしたら？〟とは、絶対言ってないと思う」

マイケル「うん、言ってないと思う」

笹路「そんなこと言うわけがない。そういうのをイージーにやることへの拒否反応があるから、

俺もマイケルも。やるならちゃんとやらねば、っていう」

マイケル「出がジャズだから」

笹路「おそらくメンバー主導なんですよ。だから、こんな音楽なんだけど、僕とかマイケルのアイディアは、意外と入ってない」

マイケル「うん。ただ、EBIってイケメンじゃないですか？ その曲の作り方を分けたいな、っていうのはあって。それでEBIの曲は、ちょっとヨーロッパみたいな、アメリカ的じゃない世界を演出しようとしていたフシはありますね。歌詞の内容もそうだし、「ペーター」ってタイトルも、『アルプスの少女ハイジ』っぽいし」

笹路「だから、すごくよくできてるよね。こっちからは出てこない発想だよね。かなり阿部色入ってるかもね、この「ペーター」のアレンジは」

——マンドリンもABEDONですか？

笹路「あれもね、本物じゃなくて、おそらくイミュレーター

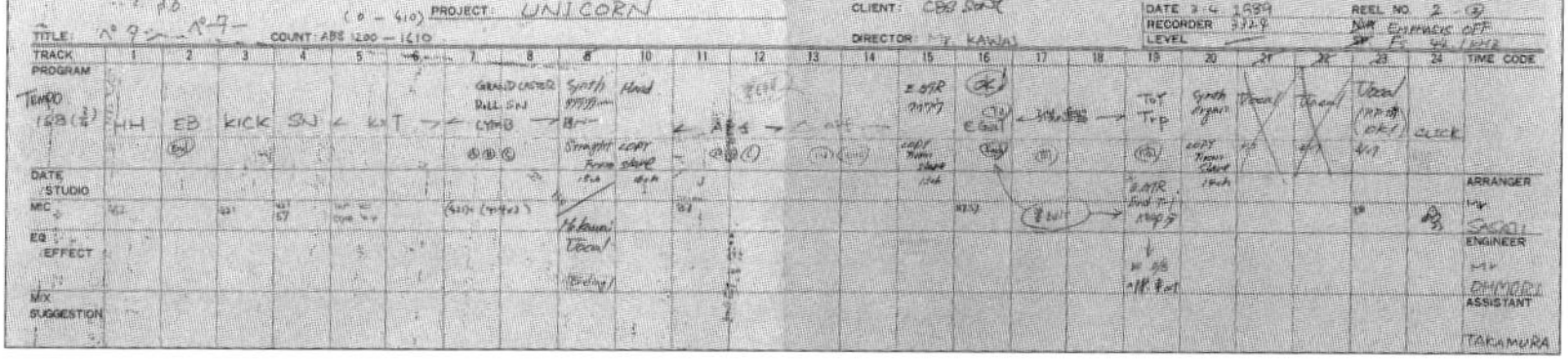

TRACK DATA (MASTER)

①Hi-Hat②Electric Bass③Kick④Snare⑤⑥Drum Kit⑦⑧Grand Caster／Roll Snare／Cymbal
⑨Synth（タリラリラ～）⑩Synth（Mandolin）⑪⑫Piano⑬⑭Piano⑮Electric Guitar（Wah）
⑯Electric Guitar⑰⑱Toy Trumpet⑲Toy Trumpet／Electric Guitar／Vocal⑳Synth（Organ）
㉑Vocal（NG）㉒Vocal（NG）㉓Vocal㉔Click

だと思いますね。あと、プロフェットというアナログシンセを安っぽく使ってる。それから、何本か入ってるギターの1本は、俺が弾いたかもしれない」

マイケル「ギター弾くチャンスがあると弾くよね」

笹路「隙あらば弾きますよ（笑）。でもなあ……この曲のそういう細かいところは、それくらいしか憶えてないね」

マイケル「ハハハハ。その場で面白くて、行き当たりばったりでやったことって、けっこう忘れちゃうよね」

笹路「でも、聴き直しても思い出せない、プロセスが見えないっていうのは、よくできてるっていうことだよね。聴いて〝ああ、こういう風に考えたんだな〟っていうのがわかるのは、あんまり面白くない。だから、よくできてる曲なんじゃないですかね。どっから考えたのかわかんないから、この曲は」

――間奏のカズーはどなたが？

笹路「これは民生じゃないかな」

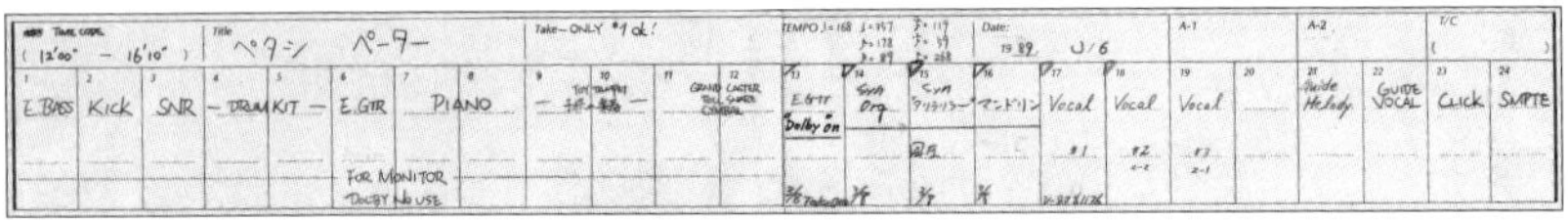

TRACK DATA (SLAVE)

①Electric Bass②Kick③Snare④⑤Drum Kit⑥Electric Guitar⑦⑧Piano⑨⑩Toy Trumpet
⑪⑫Grand Caster／Roll Snare／Cymbal⑬Electric Guitar⑭Synth（Organ）⑮Synth（タリラリラ～）
⑯Synth（Mandolin）⑰Vocal 1⑱Vocal 2⑲Vocal 3⑳No Data㉑Guide Melody㉒Guide Vocal
㉓Click㉔SMPTE

大森「トラックシートには〝トイ・トランペット〟って書いてありますけど」

マイケル「きっと、トランペットの形をしたカズーだったんだと思う」

M6

パパは金持ち（仮タイトル「パパ金」）

作詞・作曲：奥田民生　編曲：笹路正徳

●楽隊
リード・ヴォーカル、ギター：奥田民生
ギター、コーラス：手島いさむ
ベース、コーラス：堀内一史
ドラムス、ティンパニ、コーラス：西川幸一
キーボード、コーラス：阿部義晴
ラテン、「ジャズ」、「アヴァンギャルド」：マイケル鼻血
コーラス、巨泉、ラテン：笹路なんつったって正徳っつうぐらいのもんで
コーラス：イヴ

●録音
レコーディング・エンジニア：大森政人
レコーディング・スタジオ：観音崎マリンスタジオ
（1989年2月21日）

――異常な数のパーカッションですね。

笹路「これはマイケルがね、やってるんですよ。この頃出始めだったパッドを買って、いろんな音を……叩くとこが8つぐらいあって、いろんな楽器の音が出るやつ」

——この曲は、笹路さんが大橋巨泉役で。クレジットは「笹路なんつったって正徳っつうぐらいのもんで」。

マイケル「1オクターブ下で、民生とハモってる低い声だよね」

笹路「ユニコーン、低い声の人、いないから。だから……これを俺が自分から〝やらせてくれ〟と言うわけはないので。あと憶えてるのは、コーラスでイヴが入ってるんですけど」

マイケル「当時売れっ子のボーカル・グループ」

笹路「沖縄の三姉妹の。その歌の譜面は僕が書いたんですよ。その時はもうリード・ボーカルを録ってたから、それに合わせてコーラスを書いて。だから、最後に歌を録ってミックスして、というんじゃなくて、先に歌を録っちゃってる曲もけっこうあるんじゃないかな、このアルバム」

マイケル「そうだね。それで、次の曲とつなげるとかそういう発想が出てきたところで、〝だったらこの曲、もう少し膨らませちゃおう〟とか、そういう風に行き当たりばったりに考えるっていうか」

銀二郎「この曲とつながっている「君達は天使」のほうが、先に録ってるんですよね」

笹路「ああ、そうか。じゃあその時に決めたのかもしれない、つなげようって」

——サンバっぽい2曲があったから？

笹路「だいたい、なんでサンバになったんだっけ？　サンバみたいにしたいっていうのは、民生から出たのかなあ？」

マイケル「うん、民生がやりたがって。だったら俺はもうちょっと、ちゃんとしたサンバみたいにしようとしたのを、民生がこういう風に変えたの」

笹路「でも、一番この曲でふざけてるなって思うのは、EBIが歌ってるパートだと思うんだけどね。〝♪パーパーはー金ー持ーち〟ってとこ、過剰なエコーがかかったり、キラキラの70年代みたいなシンセが入ってたり。斜に構えてるんだけど、軽く遊んでる中で、カッコよさがにじみ出てくればいいな、みたいな思惑があったんじゃないかな。ストレートじゃないよね、やっぱり」

——みんなが順番にソロ回しをするのは？

笹路「あれはね、民生が『××ショウ！』って言うのがマイブー

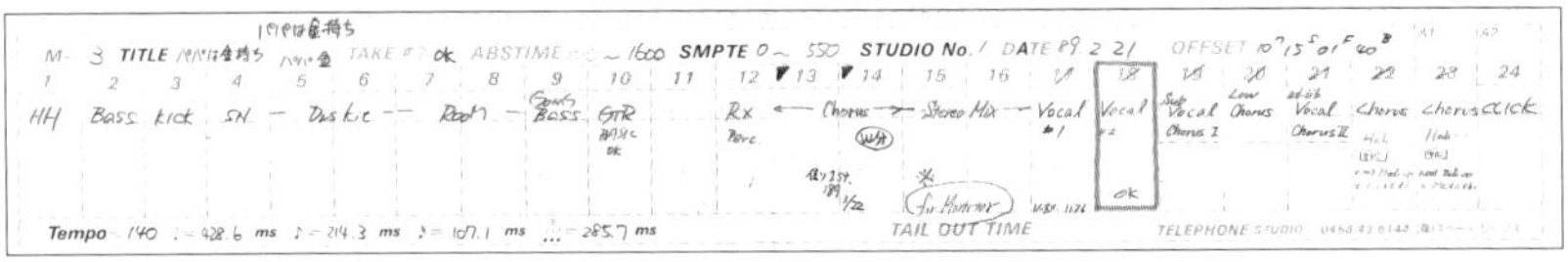

TRACK DATA（MASTER）

①Hi-Hat②Electric Bass③Kick④Snare⑤⑥Drum Kit⑦⑧Reverb（Room）⑨Gong Bass
⑩Electric Guitar⑪No Data⑫RX（Percussion）⑬⑭Chorus⑮⑯Stereo Mix⑰Vocal 1⑱Vocal 2
⑲Sub Vocal／Chorus 1⑳Low Chorus㉑Ad-lib Vocal／Chorus 2㉒Chorus㉓Chorus㉔Click

ムだったの。隙あるごとに『阿部ショウ！』とか言ってて」

マイケル「『阿部ショウ！』って、その場で振る。それをレコーディングでやった、っていうだけだね」

——マイケルさんのパーカッション・ソロのところで民生さんの「地味！」って声が入っていますが——。

マイケル「俺が地味だったから『地味！』って言ってる、っていうだけ（笑）」

笹路「あの『地味！』はね、やっぱりマイケル、振られて、ちょっとマジメにやっちゃった感があって」

全員「ハハハハ！」

マイケル「あった」

笹路「そこで民生が『ああ、マジメにやっちゃったな』っていうので『地味！』と。ただ、『地味！』って言ってるのは仮歌なんですよ。本番で録り直したんだけど、面白いから『地味！』のとこだけ残したの」

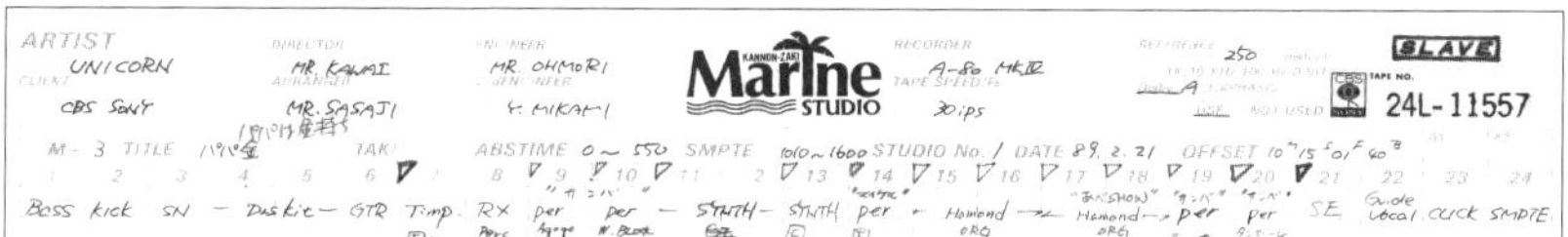

TRACK DATA（SLAVE）

①Electric Bass②Kick③Snare④⑤Drum Kit⑥Electric Guitar⑦Timpani⑧RX（Percussion）
⑨Percussion（Agogo）⑩Percussion（Wood Block）⑪⑫Synth（白玉）⑬Synth（リフ）
⑭Percussion（マイケル）⑮⑯Hammond Organ⑰⑱Hammond Organ（Abe Show）
⑲Percussion（Shaker）⑳Percussion（ダンボール）㉑SE㉒Guide Vocal㉓Click㉔SMPTE

——〝おとうと！〟って民生さんが言っているのは？

笹路「あれ、〝おとうと！〟じゃなくて〝おっとっと！〟なんです。川西ショウの時に、一瞬ドラムがコケてるから、民生が〝おっとっと！〟って言って。そういうのも面白いから生かしたっていう」

M7

君達は天使

（仮タイトル「エビ天ドローⅡ」）

作詞・作曲：堀内一史　編曲：笹路正徳

●楽隊
リード・ヴォーカル、ベース：堀内一史
ヴォーカル、ラテン：奥田民生
ギター、マンドリン：手島いさむ
ドラムス、合わせシンバル小：西川幸一
キーボード、コーラス：阿部義晴
ラテン、「ジャズ」、「アヴァンギャルド」：マイケル鼻血
ラテン：笹路なんつったって正徳っつうぐらいのもんで
コーラス：おそってトリオ（安則まみ、奥居香、阿部義晴）

●録音
レコーディング・エンジニア：大森政人
レコーディング・スタジオ：観音崎マリンスタジオ
（1989年2月21日）

笹路「この曲は、やりまくってるなあ（笑）」
マイケル「これ、コーラス、香が入ってる」
笹路「安先生もでしょ？」
――チャカさん（安則まみ／PHY・S）、奥居香さん（現・岸谷香／プリンセス・プリンセス）、ABEDONの3人ですね。

笹路「ああ、そうかそうか」

マイケル「なんでそういうことになったのか、あんまり憶えてないけど」

笹路「そうだね。必然性がないね（笑）」

――「パパは金持ち」でイヴを呼んでるんだから、この曲もイヴに頼めばいいのに、と思いますね。

笹路「確かに。それだと高いからじゃないか？ あ、でもこっちのほうが高いか（笑）」

マイケル「友情出演かな？」

高村「この頃、香は、人のレコーディングに参加したがってたから。『ギャラいらないから』みたいなことを言って。で、マネージャーが『そうはいかないから』って（笑）」

マイケル「あと、とにかくEBIはこういう時、何かっていうと叫ばされてた（笑）」

笹路「しかし、そんなにサンバやりたかったのか。この曲はね、

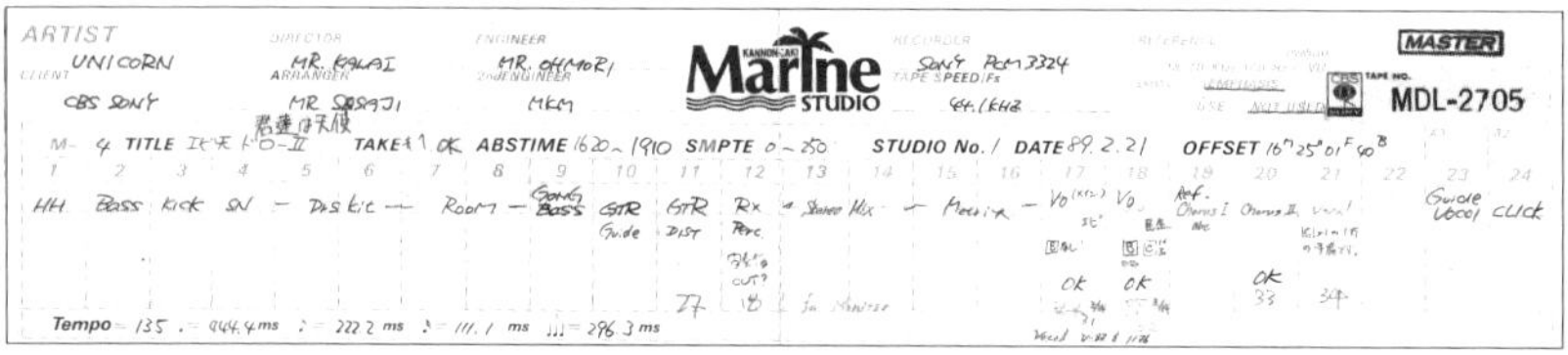

TRACK DATA（MASTER）

①Hi-Hat②Electric Bass③Kick④Snare⑤⑥Drum Kit⑦⑧Reverb（Room）⑨Gong Bass
⑩Electric Guitar（Guide）⑪Electric Guitar（Distortion）⑫RX（Percussion）⑬⑭Storoo Mix
⑮⑯Matrix⑰Vocal（EBI）⑱Vocal（奥田）⑲Ref.Chorus 1（阿部）⑳Chorus 2㉑Vocal（予備）
㉒No Data㉓Guide Vocal㉔Click

最初にレコーディングに入った観音崎マリンスタジオで、ある程度ダビングもやって帰ってきた曲なんですよ。ギターとかの。で、テッシーがカッティングのギター、苦労したのを憶えてる。ああいうギター、弾いたことなかったから」

銀二郎「イントロのトランペットのシンセも、阿部くん、けっこう苦労してましたね。ベンダーで〝♪ウィーン〟って音のところが」

マイケル「そうか。うまくいってるよね、聴くと」

笹路「そうだね。俺が弾いたのかなと思った(笑)。まあだから、ふざけてというか、楽しみながら、いろいろと、軽いことも交えてやってるんだけど、プロセスプロセスはけっこうストイックにやってるんですね。ちゃんと」

マイケル「マジメだよね」

笹路「だってこのベースだって、パンク少年が弾いてるベースではないよ、これ」

マイケル「みんな、自分の辞書にないことばっかりやらされる

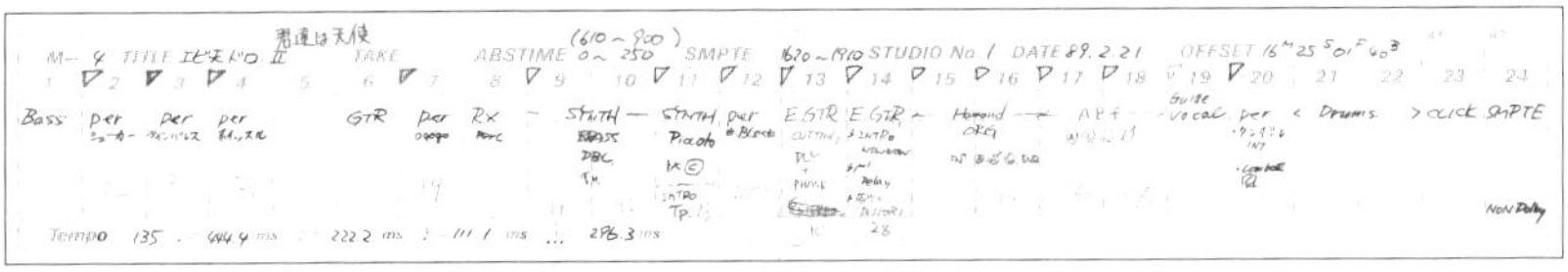

TRACK DATA（SLAVE）

①Electric Bass②Percussion(Shaker)③Percussion(Timbales)④Percussion(Whistle)
⑤No Data⑥Electric Guitar⑦Percussion(Agogo)⑧RX(Percussion)⑨⑩Synth(Brass)
⑪Synth(Piccolo)⑫Percussion(Wood Block)⑬Electric Guitar(Cutting=Dry+Phaser)
⑭Electric Guitar(Wah／Delay／Distortion)⑮⑯Hammond Organ⑰⑱Piano⑲Guide Vocal
⑳Percussion(ダンボール／Cowbell)㉑㉒Drums㉓Click㉔SMPTE

んだよね。テッシーにしたって、それまでは、クリーン・トーンのカッティング、やる必要なんてなかったんだから」

笹路「テッシーがずっと弾けないで、そのうしろのソファで俺と民生が同じフレーズをずっと弾いてて、〝弾けてるよ〟ってプレッシャーを与えてた（笑）。民生とかは器用だから弾けちゃう。でも、『PANIC ATTACK』ぐらいから出てきた、レコーディングで遊ぶみたいな精神が、『服部』までつながってるんだなあと思いますね。EBIなんかもさ、ヘタすりゃ嫌々そんなことをやらされてる感もあるわけで（笑）。でもそれは健全にやってるからさ、すごくベクトルが揃ってる感があるよね。バンドっていうか、プロジェクトに。まあでも、EBIはうまかったから、最初から。ユニコーンの演奏の要はEBIだなと思った」

マイケル「そうするとやっぱり、いろんなことをやりたくなっちゃうよね、メンバーも。普通のバンドじゃできないようなことも。もともと、1枚目から2枚目に行く辺りで、ライブでいろんなことが起こって。その、ものすごい三枚目なライブの流れっていうのが始まったんだよ」

笹路「俺、サポートやってて思ったけど、ライブがすごい楽しかった。レコーディングと変えちゃうからさ。面白いんだ、やってて。レコーディングを再現しようとするバンドが増えてきた中で、ライブだから新しいことを入れちゃったりとか、捨てるとこは捨てちゃったりとか、そういうのが……僕なんかは普段レコーディングしかやんないから、すごく面白いなと思った記憶があります」

第8章　『服部』のレコーディングスタッフ、30年ぶりに集結。マルチを聴いて座談会

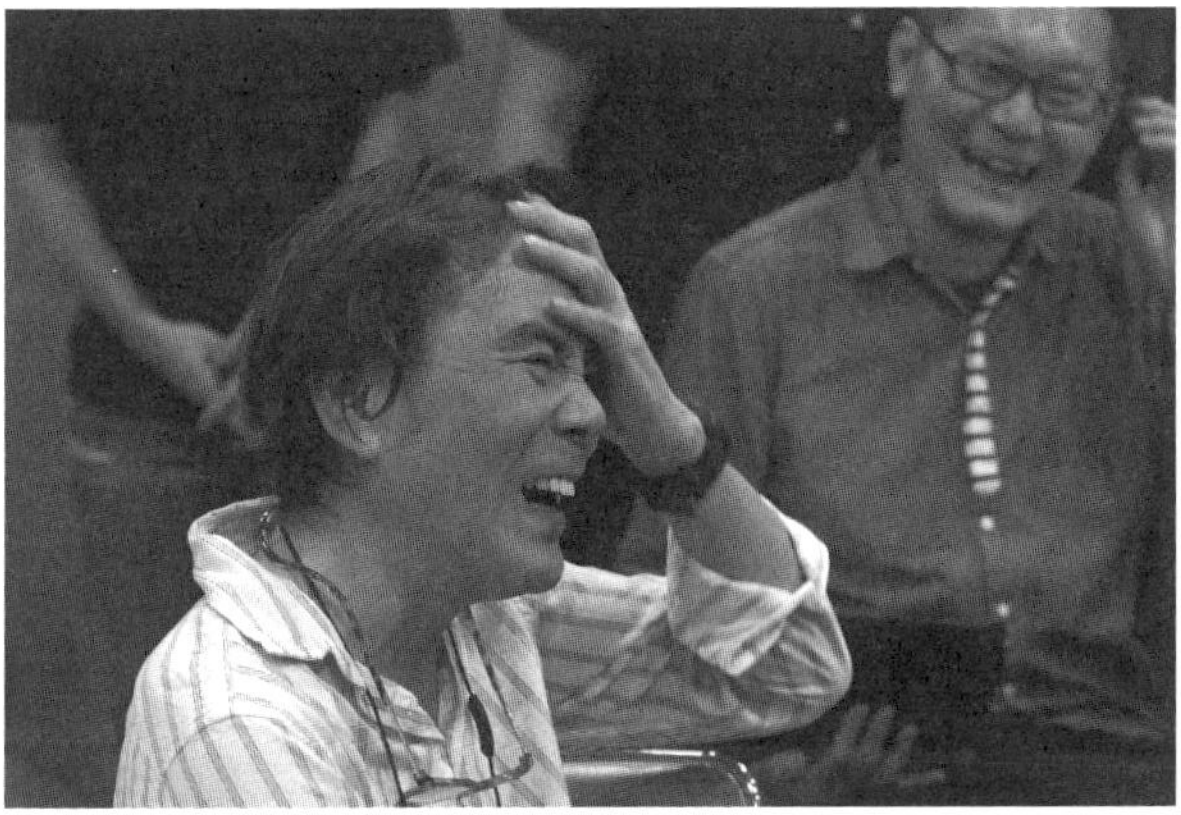

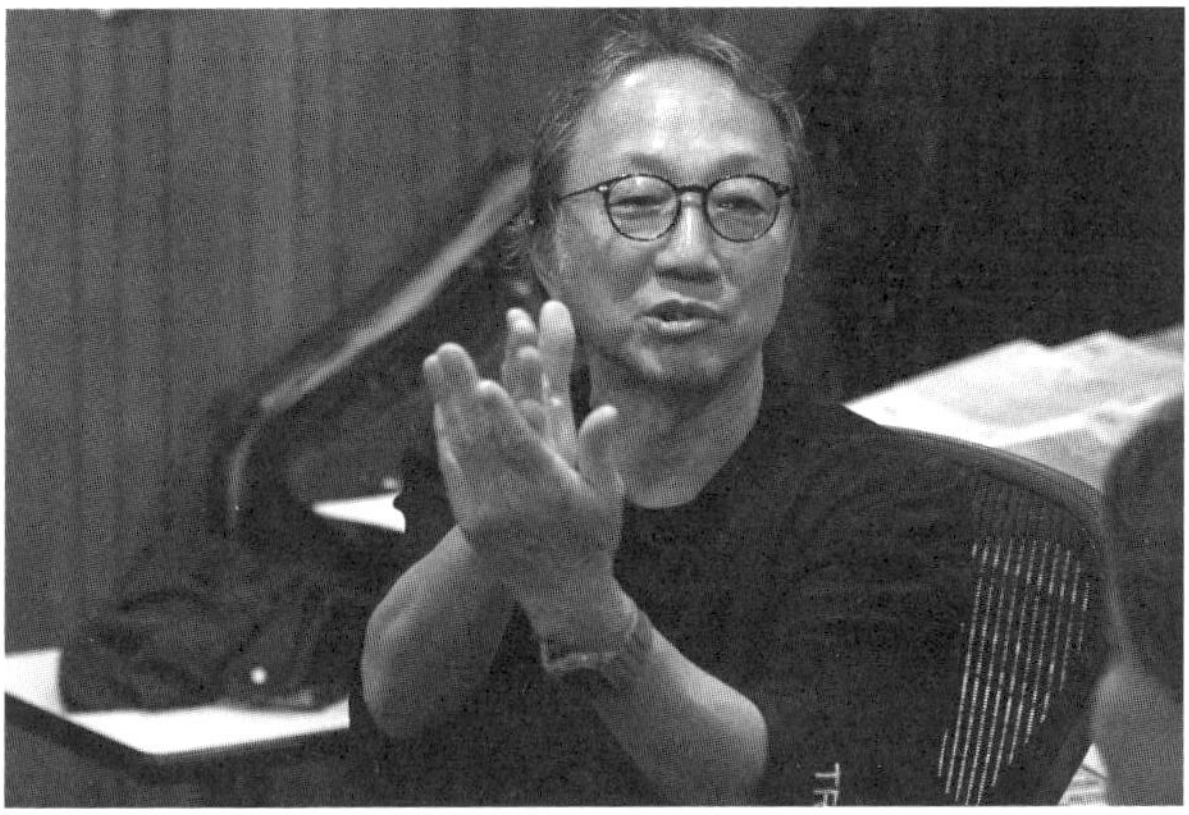

M8

逆光（仮タイトル「息切れバラード」）

作詞・作曲：阿部義晴　編曲：笹路正徳

●楽隊
リード・ヴォーカル：奥田民生
ギター：手島いさむ
ベース：堀内一史
ドラムス：西川幸一
キーボード：阿部義晴
ピアノ：笹路なんつったって正徳っつうぐらいのもんで
ビッグバンド・サービス：奥田民生と東京ユニコーン

●録音
レコーディング・エンジニア：大森政人
レコーディング・スタジオ：音響ハウス（1989年3月3日）、スタジオ・テイク・ワン（3月6日）、一口坂スタジオ（3月12日）

笹路「この曲は、浮いてるねえ。一番浮いてるかもしれない」

――ABEDON曰く、EBIさんやテッシーの曲は自分がアレンジいじり回したけど、自分の曲は誰もいじってくれなかった。だから素のままで出てしまって恥ずかしかった、と。

笹路「ああ、そういう寂しげなコメントが（笑）。でも、阿部もああ見えて、ダークな部分があるからね、音楽的にもね。そこが思いっきり出た曲だよね。アレンジとかも、遊んでる要素がゼロだし。そういう意味で、阿部がこっ恥ずかしいっていうのはわかる」

マイケル「阿部っぽいんだよね」

笹路「そう、阿部っぽいんだよね。ただ、ずっと弦がのぼってるようなイーミューのフレーズとかは、現場で〝これ入れちゃえ〟みたいな思いつきで、やってると思う。あと、前半の打ち込みのドラムは、阿部は当時ヤマハのシーケンサーを持っていて、自分で打ち込んで来てたから、おそらくそこまでは自分でちゃんと仕込んできたんだと思う」

——鍵盤が幾層にもなったアレンジですが、これも全部阿部さんが自分で？

笹路「だと思うなあ……あ、でも、妙な、漂ってるアコピ（アコースティックピアノ）、あれは完全に俺なんじゃないかな
と思う」

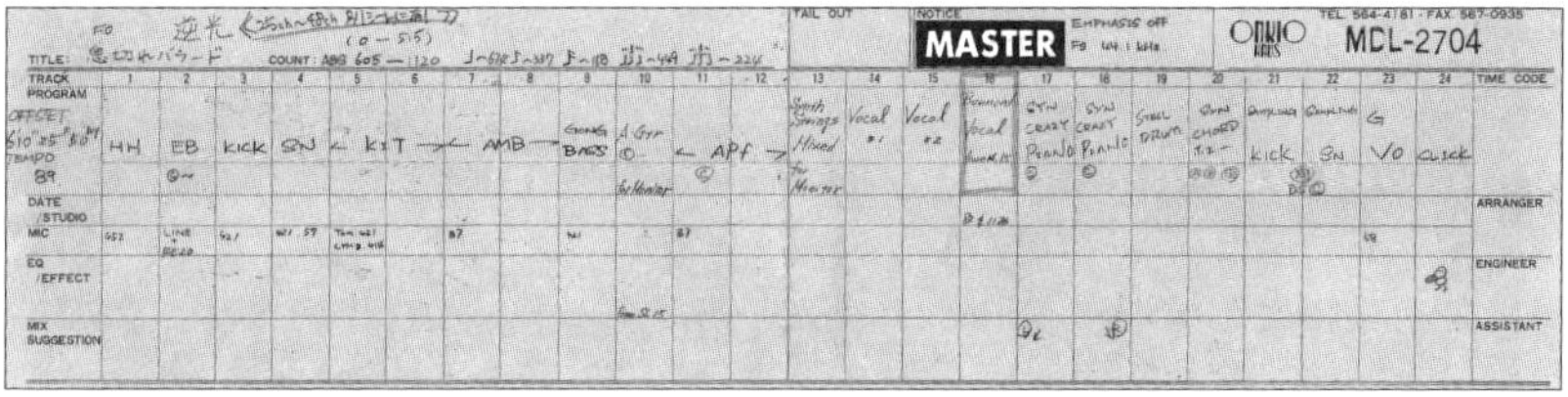

TRACK DATA（MASTER）

①Hi-Hat②Electric Bass③Kick④Snare⑤⑥Drum Kit⑦⑧Reverb（Ambient）⑨Gong Bass
⑩Acoustic Guitar⑪⑫Piano⑬Synth（Strings Mix）⑭Vocal#1⑮Vocal#2⑯Bounced Vocal
⑰Synth（Crazy Piano／Lch）⑱Synth（Crazy Piano／Rch）⑲Steel Drum⑳Synth（Chord）
㉑Sampling（Kick）㉒Sampling（Snare）㉓Guide Vocal㉔Click

マイケル「だろうね」
笹路「あれ、すごくいいよね」
全員「(笑)」
笹路「あと、ここでトラック・シートを見るまで忘れてたんだけど、この曲、管楽器は本物だったんですよ、シンセじゃなくて。だから、僕が譜面を書いたんだな」
——高村さん、手配されました?
高村「いや……この曲、差した憶えがない」
笹路「ええっ?」
高村「シンセじゃないですか?」
笹路「でもねえ、ドルビー[注5]使ってるって書いてあるんだよなあ。なんだろ?」

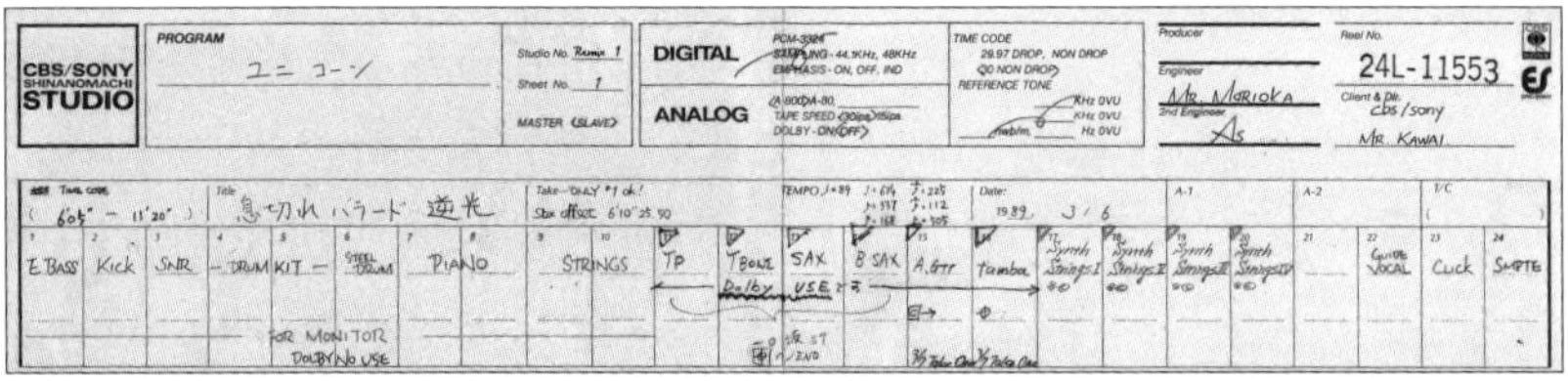

TRACK DATA (SLAVE)

①Electric Bass②Kick③Snare④⑤Drum Kit⑥Steel Drum⑦⑧Piano⑨⑩Strings⑪Trumpet
⑫Trombone⑬Alto Sax⑭Bariton Sax⑮Acoustic Guitar⑯Tambourine⑰Synth(Strings I)
⑱Synth(Strings II)⑲Synth(Strings III)⑳Synth(Strings IV)㉑No Data㉒Guide Vocal
㉓Click㉔SMPTE

《みんなでその管楽器の音だけ聴いてみる》

笹路「本物だ。ほら、本物の音だよ、これ」

高村「そうですね、これ」

――「抱けるあの娘」のホーン隊に、この曲も吹いてもらった、という可能性は？

高村「ああ！ そうか。そうかもしれないです」

笹路「まとめてやっちゃうからね、普通」

注5 ドルビー

ドルビー・ノイズリダクション処理のこと。アナログ楽器である管楽器の録音時にノイズを抑える処理がされていることから、シンセではないと笹路は判断した

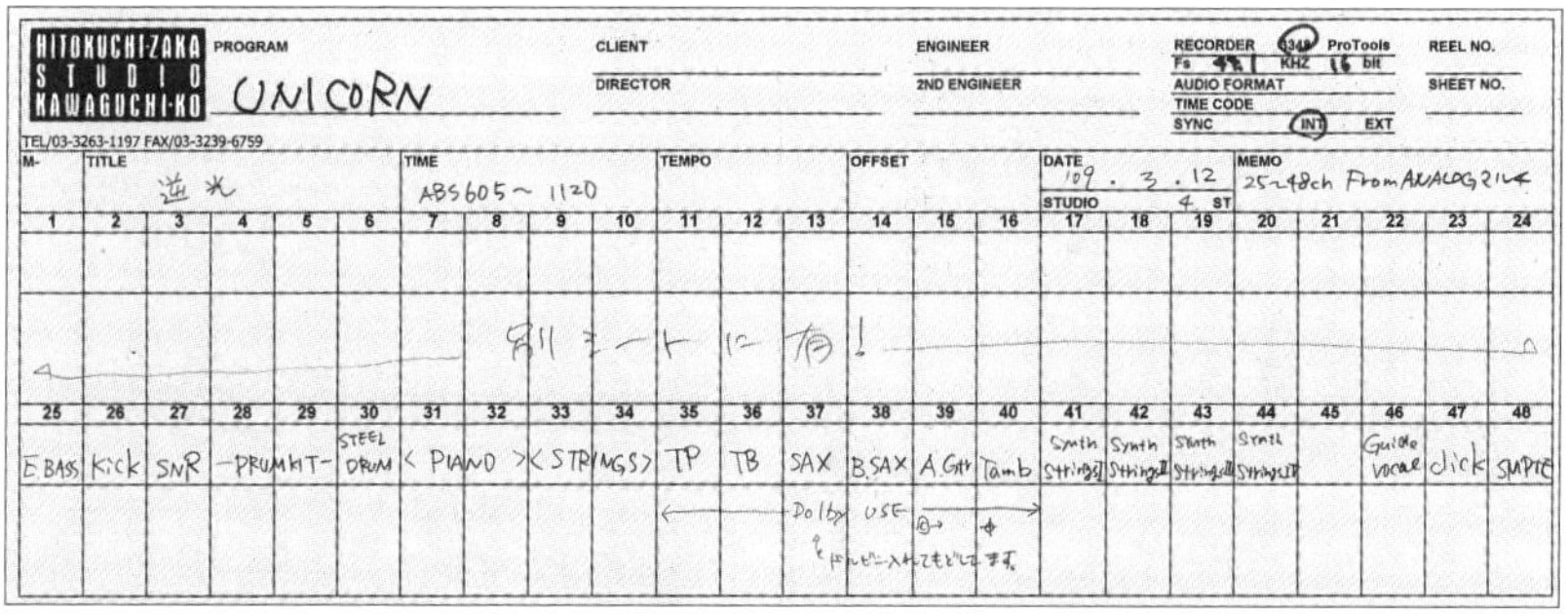

TRACK DATA（MIX Tr25～48）

㉕Electric Bass㉖Kick㉗Snare㉘㉙Drum Kit㉚Steel Drum㉛㉜Piano㉝㉞Strings㉟Trumpet ㊱Trombone㊲Alto Sax㊳Bariton Sax㊴Acoustic Guitar㊵Tambourine㊶Synth（Strings I）㊷Synth（Strings II）㊸Synth（Strings III）㊹Synth（Strings IV）㊺No Data㊻Guide Vocal ㊼Click㊽SMPTE

M9 珍しく目覚めの良い木曜日 （仮タイトル「ボボ・アーレー」）

作詞・作曲：手島いさむ　編曲：笹路正徳

●楽隊
リード・ヴォーカル：奥田民生
ギター：手島いさむ
ベース：堀内一史
キック、スネア：西川幸一
キーボード：阿部義晴
コーラス：安部良一

●録音
レコーディング・エンジニア：大森政人
レコーディング・スタジオ：スタジオ・テイク・ワン（1989年3月5日〜8日）

マイケル「この曲はわりと、歌詞はいろいろ言った記憶がある。だいぶ直したんじゃないかな」

笹路「レキシコンっていう会社のディレイがあったんですよ、一世を風靡した。リピートみたいなボタンがあって、押すと、そっからさかのぼってループするようになっていて。そういう機械がまだあんまりなかったから、面白がっていろいろやってるんじゃないかな」

マイケル「この曲はもう、レコーディングでいろいろやろうっていう話で作ってた」

大森「メンバーみんなでいろいろやってた」
マイケル「卓に寄ってたかってね」
大森「みんなが自分のパートのフェーダー[注6]持って。あの、曲の中に一箇所、音が変なところがあるんですが。おそらくあそこだと思うんですけど、音を録ったアナログのマルチテープのその部分に、ハサミで傷を入れたり、グシャグシャにしたり……」
マイケル「ああ、やったやった！」
大森「テープは1秒間に76センチ進んでしまうので、『縦の方向に傷を入れないとあんまり効果が出ないぞ』とか言いながら」
笹路「それで聴いてみたら、〝あんまり変わんねえじゃねえか〟ってなって、〝もっとグシャグシャにしろ〟って、もう一回やったりして」
マイケル「で、みんなで寄ってたかってミックスして、面白かったのを選んだのかな?」

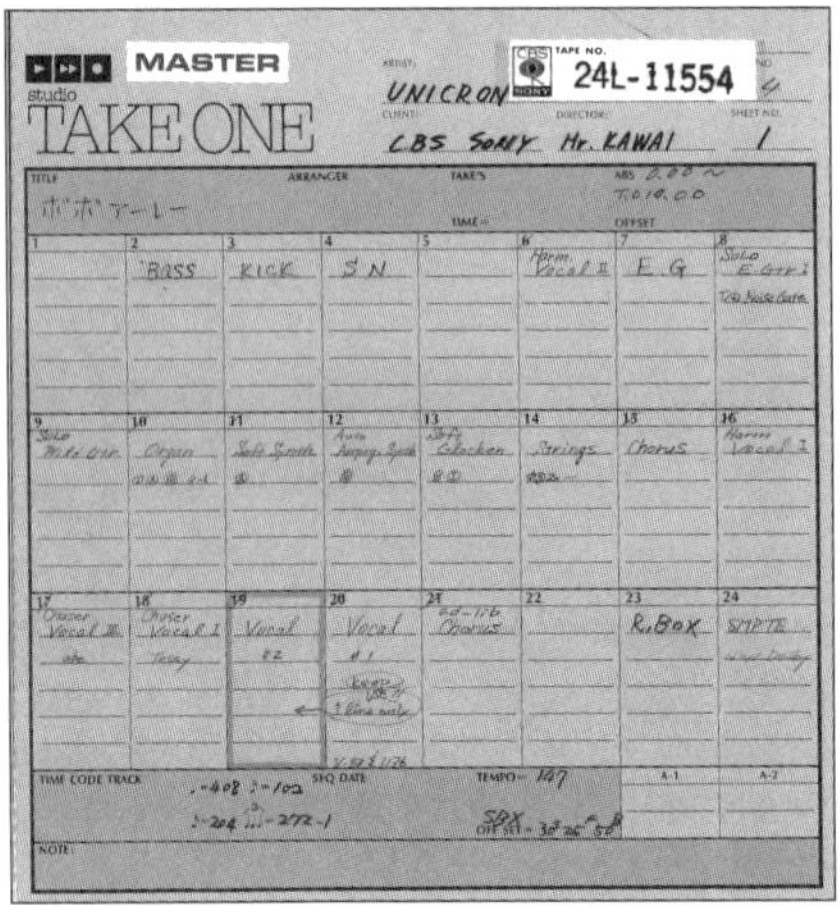

TRACK DATA

①No Data②Electric Bass
③Kick④Snare⑤No Data
⑥Harmony Vocal II
⑦Electric Guitar
⑧Solo Electric Guitar I(T/D Noise Gate)
⑨Solo Wild Guitar
⑩Organ
⑪Soft Synth⑫Auto Arrpegio Synth
⑬Soft Glocken⑭Strings⑮Chorus
⑯Harmony Vocal I
⑰Chaser Vocal III(阿部)
⑱Chaser Vocal I(手島)
⑲Vocal #2⑳Vocal #1
㉑Ad-lib Chorus㉒No Data
㉓Rhythm Box㉔SMPTE

大森「そんな感じだったと思いますよ」

マイケル「ごめん失敗した！　もう一回頭から、とか」

——メンバーで、レゲエに造詣が深い人とか……。

笹路「いないと思う（笑）。でもこれ、ベース歪んでるよね。これは録った時から歪んでるんじゃないかな。」

マイケル「ギター・ソロのこの歪みは、なんなの？」

笹路「あれはたぶん、ラインで録った（アンプを通さず、ギターを直接ミキサーにつないで録音した）からじゃない？　ラインで録ってると思う……。しかし、なんでレゲエをやる必要があったのか。ボブ・マーリーなんて名前しか知らなかったやつも、二、三人いたんじゃないかな」

全員「（笑）」

笹路「でも、レゲエのリズムだけで言うと、それこそポリスもやってたわけだし。まあ、ボブ・マーリーは知らなくてもポリスは知ってただろうしね」

注6　フェーダー
ミキサーで、各入力チャンネルや各出力の音量を調整する部分あるいは部品を指す。

M10

デーゲーム

（仮タイトル「才3野球部」）

作詞・作曲：手島いさむ　編曲：笹路正徳

●楽隊

リード・ヴォーカル、ギター：奥田民生
ギター：手島いさむ
ベース：堀内一史
ドラムス：西川幸一
キーボード：阿部義晴
無国籍歌唱：安則まみ

●録音

レコーディング・エンジニア：大森政人、三上義英
レコーディング・スタジオ：観音崎マリンスタジオ（1989年2月21日）

笹路「これもいい曲だよねえ。シングルは、坂上二郎さんが歌ったもんね……二郎さんの歌ってどこで録った？」

マイケル「歌？　信濃町（にあったソニーのスタジオ）。憶えてるのは、二郎さん、２拍待って歌に入るのができなくて……」

笹路「マイケルが一緒にブースに入って、歌が入るとこで二郎さんの背中を叩いたんだよね」

マイケル「そうそう。『はい、歌う！』って」

笹路「まあ難しいよね。でもこの曲、イントロとかの、インドみたいな音を全部抜いたら、さぞかしカッコいいだろうな（笑）。これ、イーミューにもともとインドセットみたいな音が入ってて。タブラみたいなのとか、シタールとか、牛が鳴いてる声も入ってるんだけど、そういうのをね、適当に遊びながら曲に入れた記憶があるんです。で、これ、録ってる時にめちゃコンプ[注7]（レッサー）かけてたりするんだよね……カッコいい音してるよね、ドラム。あとアコギもさ、しびれる音してる」

マイケル「この曲はほんとに、XTCの音っぽいね。アンディ・パートリッジな感じ。あとこれ、完全に歌が右に寄ってる」

――間奏明けで左になるんですよね。

笹路「そう。なんでだっけ？　憶えてないなあ」

マイケル「憶えてないけど、民生たちじゃないかな、そうしようって言ったのは」

注7　コンプレッサー
オーディオ信号のダイナミック・レンジを圧縮スル装置。入力信号がある一定のレベル（スレッショルド・レベル）を超えると、入力信号が大きくなるにつれて逆にゲインが減少して、出力信号の増大を防ぐ。アタックが強調されるセッティングにして音作りの道具としても使われる。

笹路「ビートルズ・ファンだから。こういう風に、音の定位が変わるっていうのもいいなっていう美学があるよね。PUFFYの「これが私の生きる道」も、モノラルだもんね」

マイケル「で、二郎さんにカセットを渡したら〝歌が入ってない〟って怒られて。二郎さん、モノラルで聴いてたっていう（笑）」

――最後がヘリコプターの音で終わるのは……？

笹路「『地獄の黙示録』じゃないの？」

マイケル「俺がとにかく大好きだから、『地獄の黙示録』が」

笹路「ドアーズだね。でも、坂上二郎さんって、歌がうまい芸人さんで有名だったから。テッシーらしからぬ曲だよね」

マイケル「そういう意味では、「自転車泥棒」だってテッシーっぽくはないでしょ。だからやっぱりね、いじっちゃってんのよ、民生と阿部で」

笹路「でもレコーディングしてる時から〝いい曲だなあ〟と

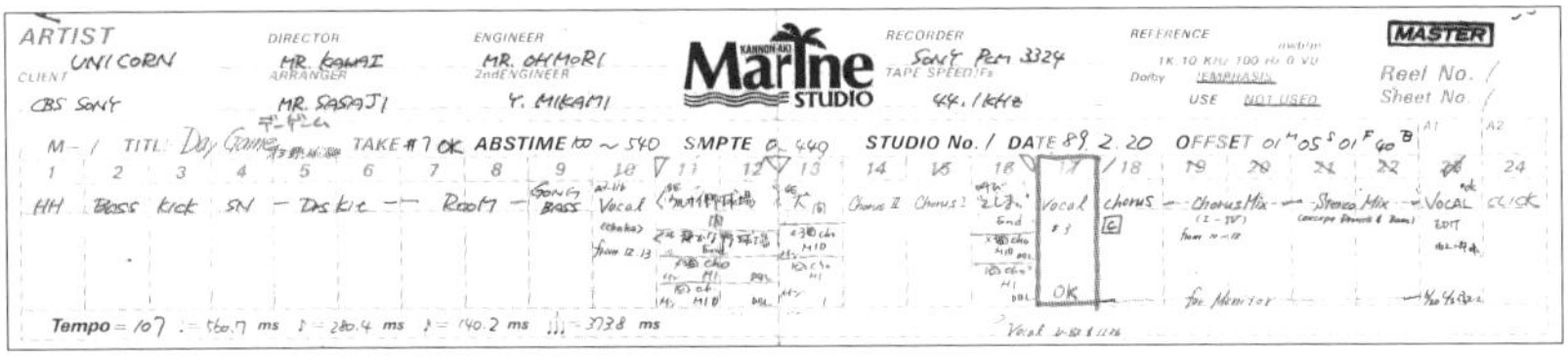

TRACK DATA（MASTER）

①Hi-Hat②Electric Bass③Kick④Snare⑤⑥Drum Kit⑦⑧Reverb（Room）⑨Gong Bass
⑩Ad-lib Vocal（Chaka）⑪⑫SE（うるさい野球場）／SE（静かな野球場）／Hi Chorus／Mid Chorus
⑬SE（犬）／Hi Chorus／Mid Chorus⑭Chorus II⑮Chorus I⑯叫び（てしまっ!）／Mid Chorus／Hi Chorus
⑰Vocal III⑱Chorus⑲⑳Chorus Mix（I-IV）㉑㉒Stereo Mix（except Drums & Bass）
㉓Vocal（Edit 坂上二郎）㉔Click

思ってた」

――メンバー以外の人の歌でシングルにしようと思ったのは？

マイケル「ん？ いや、だって、当時の全体的な風潮として、シングルが売れるよりアルバムが売れるほうがいいっていうような考え方もあったし。ユニコーンの場合は、当時あんまりシングルってことは考えてなかったなあ。だから、商業的成功を目指すよりも、面白いほうがいいっていう」

笹路「だって当時の8センチ・シングルって、なんかアダプターみたいなのにはめなきゃいけないやつだったでしょ？ 〝あんなもん、いいよ！〟みたいな感じはあったよね（笑）」

マイケル「でもこれ、曲がいいからさ、〝ほかの人が歌ったらもっと良くなるかもしれない〟っていう話になって。スタジオでみんなで〝やってみよう〟って話をしてる時に、たまたまPSY・Sの松浦（雅也）がいて、『こういうことをやろうと思ってるんだよね』って話したら『狂ってる』って言われたのを憶えてる（笑）」

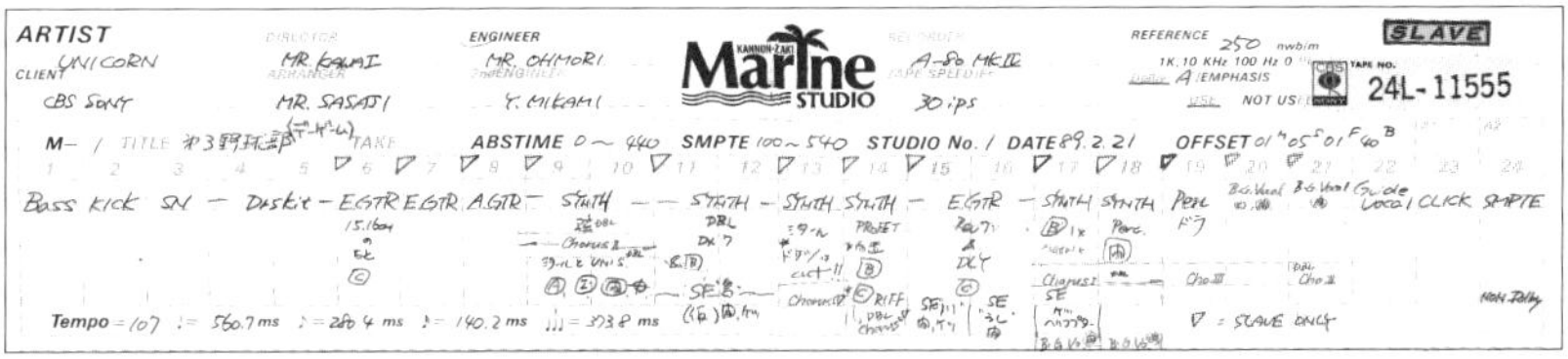

TRACK DATA（SLAVE）

①Electric Bass②Kick③Snare④⑤Drum Kit⑥Electric Guitar⑦Electric Guitar⑧Acoustic Guitar
⑨⑩Synth（DBL／Strings）／Chorus II／Sitar&Unisis⑪⑫Synth（DX7）／SE（鳥）
⑬Synth（Sitar）／Chorus IV／Chorus V⑭Synth（Profet）⑮⑯Electric Guitar（Rev&Dry）／SE（川）／SE（牛）
⑰Synth（Matrix）／Chorus I／SE（ヘリコプター）⑱Synth（Percussion）⑲Percussion（ドラ）／Chorus III
⑳Background Vocal㉑Background Vocal㉒Guide Vocal㉓Click㉔SMPTE

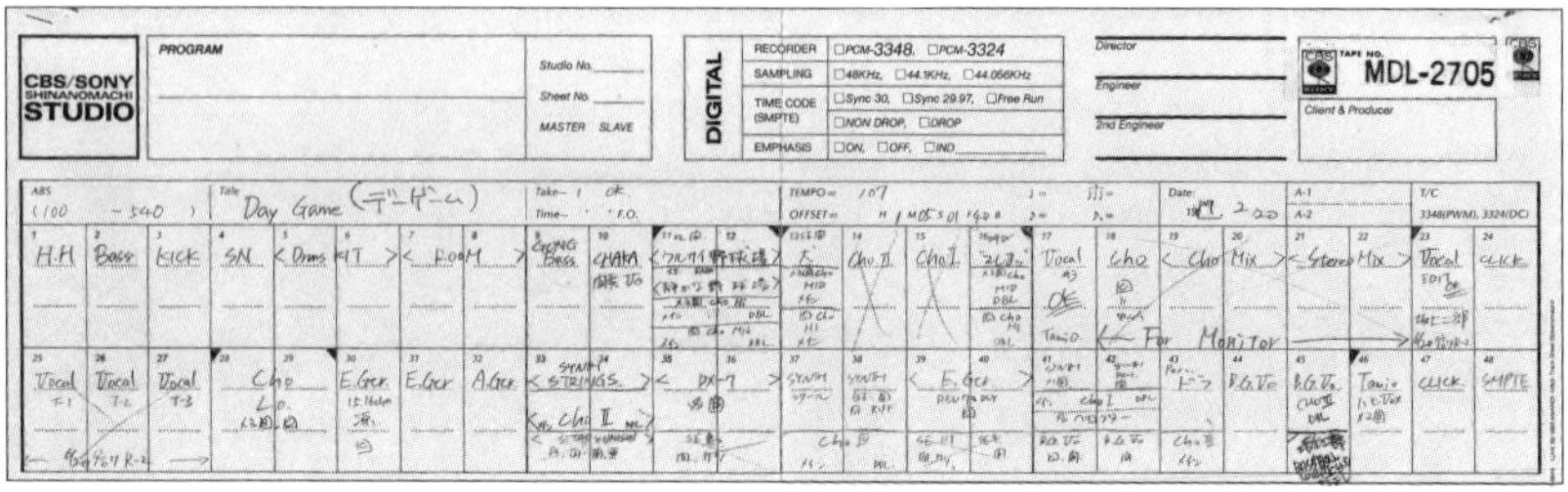

TRACK DATA（MIX）

①Hi-Hat②Electric Bass③Kick④Snare⑤⑥Drum Kit⑦⑧Reverb（Room）⑨Gong Bass
⑩Vocal（Chaka）⑪⑫SE（うるさい野球場）／SE（静かな野球場）／Hi Chorus／Mid Chorus
⑬SE（犬）／Hi Chorus／Mid Chorus⑭Chorus II⑮Chorus I⑯叫び（てしまっ!）／Mid Chorus／Hi Chorus
⑰Vocal III（民生）⑱Chorus⑲⑳Chorus Mix㉑㉒Stereo Mix㉓Vocal（Edit 坂上二郎）㉔Click
㉕～㉗Vocal（坂上二郎1～3）㉘㉙Low Chorus㉚Electric Guitar㉛Electric Guitar㉜Acoustic Guitar
㉝㉞Synth（Strings）／Chorus II ㉟㊱Synth（DX7）／SE（鳥）㊲Synth（Sitar）／Chorus IV
㊳Synth（リフ）／Chorus IV㊴㊵Electric Guitar（Rev&Dry）／SE（川）／SE（牛）
㊶Synth（Matrix）／Chorus I／SE（ヘリコプター）／Background Vocal
㊷Synth（Percussion）／Chorus I／SE（ヘリコプター）／Background Vocal
㊸Percussion（ドラ）／Chorus III㊹Background Vocal㊺Background Vocal／Chorus III
㊻Vocal（奥田ハモ）㊼Click㉔SMPTE

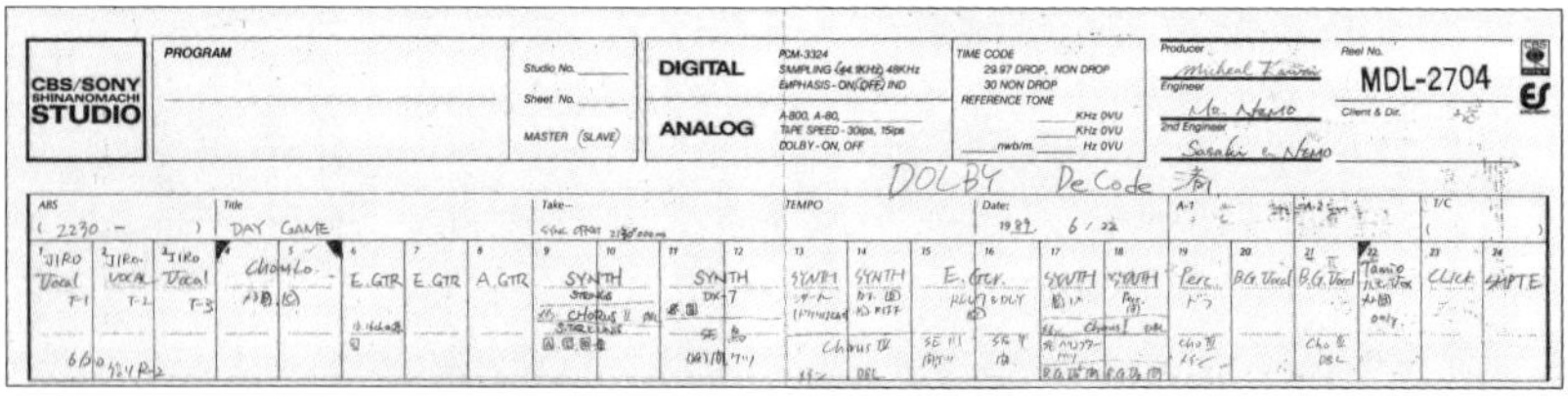

TRACK DATA（SINGLE VERSON）

①～③Vocal（坂上二郎1～3）④⑤Low Chorus⑥Electric Guitar⑦Electric Guitar⑧Acoustic Guitar
⑨⑩Synth（Strings）／Chorus II／Sitar&Unisis⑪⑫Synth（DX7）／SE（島）
⑬Synth（Sitar）／Chorus IV⑭Synth（リフ）／Chorus IV
⑮⑯Electric Guitar（Rev&Dry）／SE（川）／SE（牛）⑰Synth（Matrix）／Chorus I／SE（ヘリコプター）
⑱Synth（Percussion）⑲Percussion（銅鑼）／Chorus III⑳Background Vocal㉑Background Vocal
㉒Vocal（奥田ハモ）㉓Click㉔SMPTE

上記は坂上二郎とユニコーンとしてリリースされたシングル盤のトラックシート。

M11

人生は上々だ

（仮タイトル「人生は上昇だ」）

作詞：川西〝西川〟幸一／阿部義晴　作曲：奥田民生　編曲：笹路正徳

●楽隊
リード・ヴォーカル、キーボード：阿部義晴
ギター、コーラス：奥田民生
ギター：手島いさむ
ベース、コーラス：堀内一史
キック、スネア：西川幸一

●録音
レコーディング・エンジニア：大森政人
レコーディング・スタジオ：観音崎マリンスタジオ
（1989年2月27日）

銀二郎「この曲の打ち込みの時、誰もヤオヤ（TR-808＝ローランドのリズム・マシン）の使い方、知らなかったんだよなあ……」

笹路「俺もね、それ、すっごい憶えてる（笑）。俺はだいたい知ってたんだけど、あのね、ヤオヤって、操作しにくいんだよね」

銀二郎「ドラムのパターンは作ったけど、民生と俺で。でもプログラムが組めないから、民生が

手でパターンを切り替えながら録音して（笑）」

笹路「で、この時の打ち込み、実は失敗してるんですよ。パターンは打ち込んであって、そのパターンをリアルタイムに手で切り替える時、ちょっとでもタイミングが狂うと、ずれちゃったりすんのよ。だから、曲の途中からずれてるの。ドラムのフィルが飛び出ていたりして、リズムがグチャグチャになっていたりして。でも例によって〝面白いからいいや〟っていう。ハプニングを楽しむ的な。でも、あれで面白くなったしね」

マイケル「うん。怪我の功名だね」

笹路「これ、ヤオヤは誰のだろうね？」

銀二郎「借りたんです。で、借りたらマニュアルが付いてなかったんです（笑）」

笹路「ああ、それで使い方がよくわかんなかったんだ（笑）。あと、歌詞が秀逸だよね」

――これ、歌詞は川西さんですよね。ABEDONと共作だけど……。

笹路「うん。でもだいぶ手は入ってる、マイケルの」

マイケル「テッシーと川西の詞に関しては、相当、私が捻じ曲げてる」

銀二郎「この曲って、最初、フェイドアウトの予定じゃなかったでしたっけ？」

笹路「ああ、そうかもしれない。阿部の〝♪このまフ〜〟が面白かったから……」

銀二郎「残したのか、そうか」

マイケル「今でもやってるからね、ライブで」

銀二郎「やってる。お客さんも、〝♪このまフ〜〟っていったい何なのかよくわかんないまま、盛り上がってる（笑）」

――どんどん転調して上がっていくのは、デモの時からあったんですか？

笹路「それはあったよね」

銀二郎「仮タイトルが「上昇」だったから」

マイケル「でもこれ、普通に生ドラムで、バンドでレコーディングしていたら、全然違うものになってたよね。こういう面白さにはならないよね」

――あそこまでキーが上がっていくと、ギターもベースもポジション的には、フレットがなくなってきません？ だから、どうやって弾いたのかな、と思って。

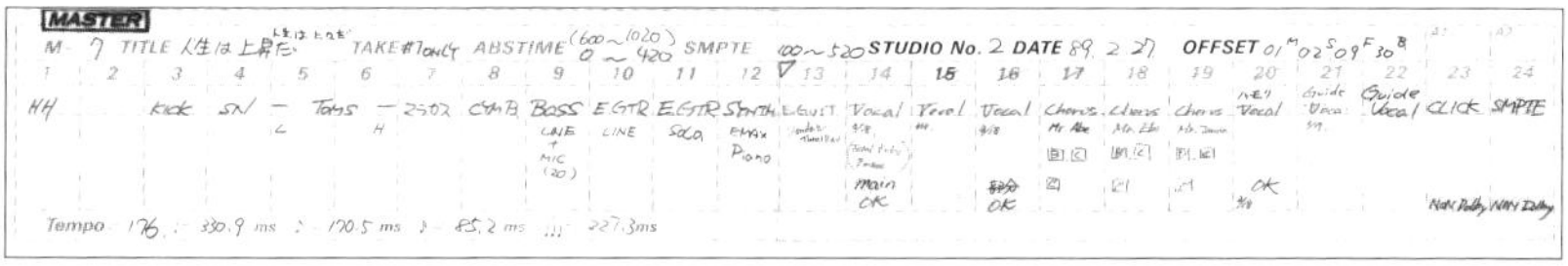

TRACK DATA

①Hi Hat②No Data③Kick④Snare⑤⑥Toms⑦Maracas⑧Cymbal⑨Electric Bass（Line+Mic）
⑩Electric Guitar（Line）⑪Electric Guitar（Solo）⑫Synth（Emax Piano）
⑬Electric Guitar（Fender Twin-Reverb）⑭Vocal⑮Vocal⑯Vocal⑰Chorus（Abe）⑱Chorus（EBI）
⑲Chorus（民生）⑳Harmony Vocal㉑Guide Vocal㉒Guide Vocal㉓Click㉔SMPTE

笹路「でも弾いてるよ。『フレットがなくても弾け』って言われてるはずなので（笑）。あ、そう言えばね、テッシーのギター・ソロは、『絶対に遅く弾くな』って言ったような気がする（笑）。『弾き続けろ！』みたいな指示を、みんなで出してたような気がしますね。あとギターは、この曲もライン録音みたいだね」

大森「トラック・シートに〝ライン〟って書いてありますね。逆にベースは〝ライン＋マイク〟って書いてある」

注8　ＴＲ‐８０８

ローランドが１９８０年に発売したリズム・マシン。リズムのプログラムを可能とした画期的なモデルで、世界中のアーティストに愛用された。８０８という名から、通称「ヤオヤ」と呼ばれることが多い。

M12

抱けるあの娘（仮タイトル「パイオツ」）

作詞・作曲：奥田民生　編曲：笹路正徳

●楽隊
リード・ヴォーカル、ギター：奥田民生
ギター：手島いさむ
ベース：堀内一史
ドラムス：西川幸一
キーボード：阿部義晴
ピアノ：笹路なんつったって正徳っつうぐらいのもんで
ビッグバンド・サービス：奥田民生と東京ユニコーン

●録音
レコーディング・エンジニア：大森政人
レコーディング・スタジオ：観音崎マリンスタジオ
（1989年2月22日）

笹路「これは観音崎で録った記憶があるね」

――これはホーン何人なんでしたっけ？

高村「バリトン（サックス）までいたから、6人ぐらいですかね」

笹路「アコギは民生だよね？　テッシーがエレキ弾いて、民生がアコギ弾いてんじゃないかな」

――ホーン・アレンジは笹路さん？

笹路「これは僕が。でも曲の感じは、こういうのが最初からあったからね。ホーンを入れたいという企画もあったと思う、最初から。ビッグバンドっぽくしたいっていう」

マイケル「民生からは〝グラマーにしたい〟っていう話だった。ミュージカル的な」

――ホーン隊は凄腕の方々なんですか。

高村「これ、そうですね」

笹路「もう、凄腕の人しかいないんだよね」

――でもアルバムのクレジットを見ると、個々の名前は書かれていないんですよね。みんなまとめて「奥田民生と東京ユニコーン」としか（笑）。

笹路「ははは。あと、間奏のアコギのアルペジオが、すごく

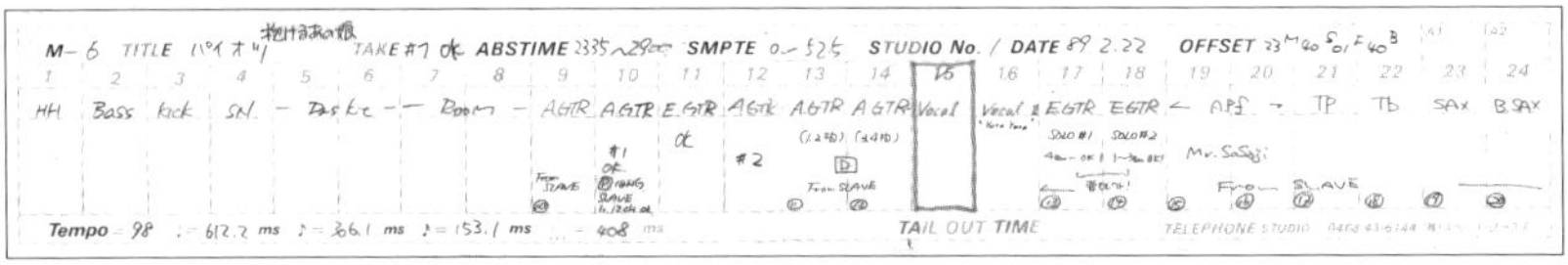

TRACK DATA（MASTER）

①Hi Hat②Electric Bass③Kick④Snare⑤⑥Drum Kit⑦⑧Reverb（Room）⑨Acoustic Guitar
⑩Acoustic Guitar⑪Electric Guitar⑫Acoustic Guitar⑬Acoustic Guitar（1、2拍）
⑭Acoustic Guitar（3、4拍）⑮Vocal⑯Vocal II（ユラユラ）⑰Electric Guitar（Solo#1）
⑱Electric Guitar（Solo#2）⑲⑳Piano（Mr.Sasaji）㉑Trumpet㉒Trombone㉓Alto Sax㉔Bariton Sax

苦労したのを憶えてる。さすがに奥田民生と言えども、こういうのはあんまり弾いたことがなかったみたい。この曲、ギター・ソロも民生だもんね」

TRACK DATA（SLAVE）

①Electric Bass②Kick③Snare④⑤Drum Kit⑥Acoustic Guitar#1⑦Electric Guitar（Solo）
⑧Electric Guitar⑨Guide Vocal⑩Acoustic Guitar⑪Acoustic Guitar（1、2拍）
⑫Acoustic Guitar（3、4拍）⑬Electric Guitar（Solo#1）⑭Electric Guitar（Solo#2）
⑮⑯Piano（Mr.Sasaji）⑰Trumpet⑱Trombone⑲Alto Sax⑳Bariton Sax㉑㉒Stereo Mix
㉓Click㉔SMPTE

M13

大迷惑 （仮タイトル「そうり大臣」）

作詞・作曲：奥田民生　編曲：笹路正徳

●楽隊
リード・ヴォーカル：奥田民生
ギター：手島いさむ
ベース：堀内一史
ドラムス：西川幸一
キーボード：阿部義晴
管弦楽：笹路なんつったって正徳っつうぐらいのもんで　と　オルケスタ・デル・アミーゴ

●録音
レコーディング・エンジニア：大森政人、深田 晃
レコーディング・スタジオ：観音崎マリンスタジオ（1989年2月20日）、
一口坂スタジオ（1989年3月12日）
太平スタジオ（1989年3月2日頃）

笹路「この曲は、トラックダウンまで深田さんだと思いますよ」

大森「でも、バンドは観音崎で録ってるから。それは僕が録って、その先は深田さん」

笹路「この曲のオーケストラ・ダビング、「ハッタリ」と同じ日に録ったんじゃなかったっけ。バンドのベーシックを聴きながらオーケストラを録ったんだよね」

――この曲、フェイドアウトですよね。最後はどうなってるんですか？

笹路「確か、最後に民生、『帰りたい、のは、僕です!』とか言ってるんだよね」

銀二郎「そうそう。聴いてみましょうよ」

――聴いてみる。民生、そう言っている――

全員「ハハハハ!」

――オーケストラは「ハッタリ」と同じ編成ですか?

笹路「だいたい同じような編成だよね、コントラバスとハープがいないぐらいで。だから、ほぼフル・オーケストラに近いですね」

――このオーケストラ・アレンジも笹路さんですよね。

笹路「私がやったんですけど、バンドの音はもうギター・ソロまで録ってあったから、そのソロに合わせていろいろやったりしていて。だから……ちょっと私の話になるんですけど、2~3年前に、当時のこの曲のスコアを引っぱり出して見てみたら、まあ拙い譜面でね。〝ひどいな、これは〟と思ったんだけど、聴いてみたら〝なかなかいいな〟と(笑)。自分もまだ若かったし、勢いがあったというか。このアレンジ、和声法とか、汚いとこ、いっぱいあるんですよ。でも、そういうのも関係なく……瞬発力はあったなと思いました。初心に戻らないといけませんね、という話でした（笑）」

マイケル「ベテランはね、どんどん進化してるはずなんだけど、なぜかまだなんにも知識がない時のほうが……」

笹路「良かった、というのは、あるあるだよね」

マイケル「これ、僕のすごい仲良かった同僚が仙台に転勤になったの。民生もそいつをよく知ってたから、書いたっていう。そういう会社ネタ」

笹路「あと、〝お金なんかはちょっとでいいのだ〟は、当時の柔軟剤のコマーシャルだね」

マイケル「ファーファァ。〝お金なんかちょっとでふわふわ〟っていう。歌入れの前の日にね、早稲田の俺の家で、民生と飲みながらこの歌詞を詰めてて。〝町の外れで〟のあとを作ってなくて、『もう〝シュビドゥバ～〟でいいよ！』とか言って。で、その時、柔軟剤のCMを観たんじゃないかな」

高村「僕、この曲のレコーディングですっごい憶えてるのが、オーケ

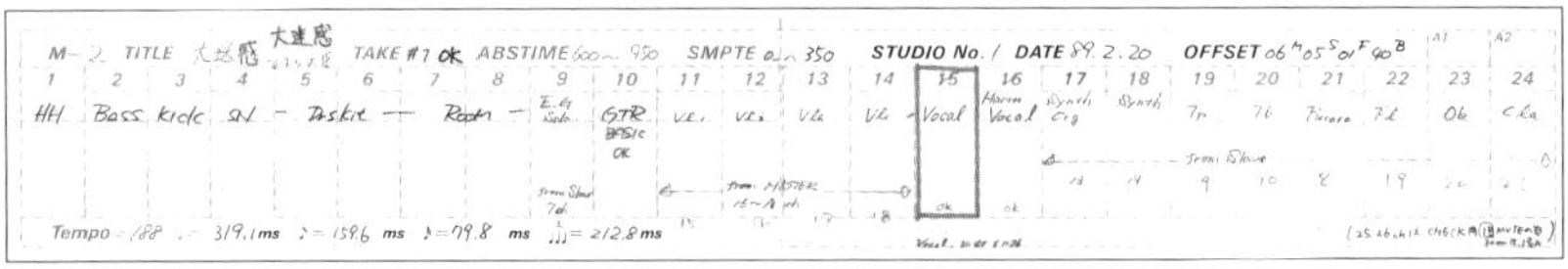

TRACK DATA（MASTER）

①Hi Hat②Electric Bass③Kick④Snare⑤⑥Drum Kit⑦⑧Reverb（Room）⑨Electric Guitar（Solo）⑩Electric Guitar⑪1st Violin⑫2nd Violin⑬Viola⑭Viola⑮Vocal⑯Harmony Vocal⑰Synth（Organ）⑱Synth⑲Trumpet⑳Trombone㉑Piccolo㉒Flute㉓Oboe㉔Clarinet

ストラの中のひとりが、すごくピッチ悪くて。たぶんその日、調子悪かったんでしょうね。〝これ絶対録り直しになる、まずかったなあ、このブッキングは〟と思ったんですけど、笹路さん、それを面白がってくださって。録り直さないで、あのまま行ったんです」

笹路「それで中近東感が出たのかもしれないね（笑）。あと、吹きにくいフレーズを俺が書いちゃった、というのもあったかもしれない」

——深田さん、これを録ったのは？

深田「いやあ、それがあんまり憶えてなくて……」

高村「これ、録ったのは一口坂スタジオですよね？」

深田「トランペット、トロンボーンは一口坂スタジオで、弦は……」

——あ、じゃあ別々に録ってるんですね。

高村「はい。弦と木管が一緒で、トランペットとトロンボーンが一緒で、っていう風に録ってますね」

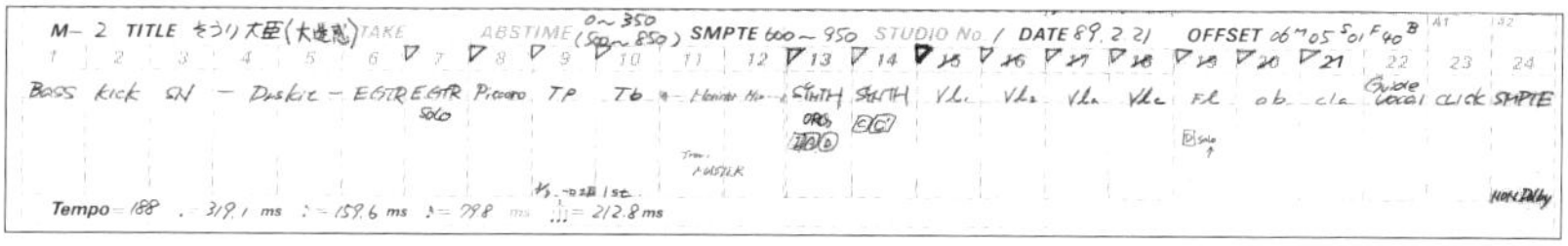

TRACK DATA（SLAVE）

①Electric Bass②Kick③Snare④⑤Drum Kit⑥Electric Guitar⑦Electric Guitar（Solo）⑧Piccolo⑨Trumpet⑩Trombone⑪⑫Moniter Mix（from MASTER）⑬2nd Violin⑬Synth（Organ）⑭Synth⑮1st Violin⑯2nd Violin⑰Viola⑱Viola⑲Flute⑳Oboe㉑Clarinet㉒Guide Vocal㉓Click㉔SMPTE

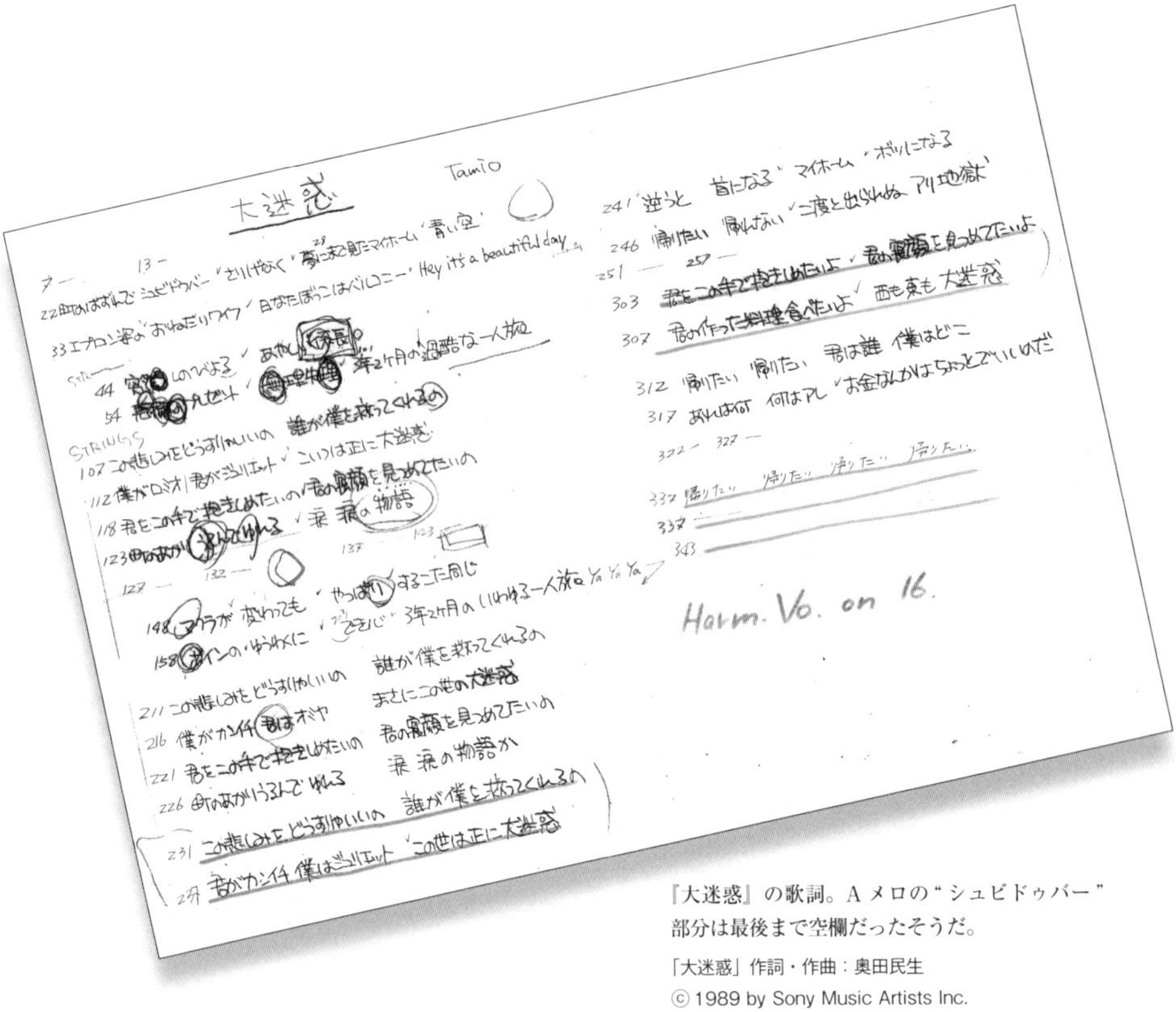

『大迷惑』の歌詞。Aメロの“シュビドゥバー”部分は最後まで空欄だったそうだ。

「大迷惑」作詞・作曲：奥田民生

M14

ミルク

作詞・作曲：奥田民生　編曲：笹路正徳

●楽隊
リード・ヴォーカル、ギター：奥田民生
ブルース・ハープ：阿部義晴

●録音
レコーディング・エンジニア：大森政人、
レコーディング・スタジオ：不明

宮島「この曲、マルチに入ってないんですけど……」

――え？　どういうことですか？

銀二郎「たぶんこれ、一発で録ってるからじゃないかな。マルチに録らずに」

笹路「えっ、直で？」

銀二郎「そう。マルチ、ないですもん。探したけどなかったんです。民生の歌とギターと阿部のハーモニカ、一発で録ったとは思うんですけど、まさかマルチで録ってないとは俺も思っていなかった（笑）」

大森「なんの意味があるんでしょうね？　マルチで録らないことに」

銀二郎「テープがなかったのかなあ？」

宮島「しょうがないからCDで聴きましょう」

──聴く──

笹路「この阿部のハープ、うまいね。録ってて、意外とうまいな、と思った記憶がある。アコギ、この時は何を使ったんだろう？」

銀二郎「たぶんこの時は、レオ・ミュージック（楽器・機材のレンタル会社）からマーティンとか借りてきたと思うんですよ」

笹路「あ、持ってなかったんだ、大したものは（笑）」

大森「マルチ、ないのか……アコギは録った憶えあるけどなあ……」

笹路「『いいよ、そのまま録っちゃえ！』とか言いかねないよね、俺たちは（笑）」

――この曲、歌詞も曲調もすごく唐突なんですよね。いい曲なんだけど、なんでこのタイミングでこういう曲を書いてアルバムに入れたんだろう？というのが。

マイケル「うん。子供にジゴロの歌とか歌わせといてさ、本人はこんなきれいごとを歌ってるっていう」

全員「（笑）」

マイケル「当時も〝不思議だなあ〟と思いながらやってた記憶がある。だから〝わりと乱暴に、2チャンで録ってもいいんじゃないの？〟っていうことだったのかもしれない。何か特別な魅力を作るんだったら、普通に録音して、って話じゃねえなと思って。だってこういう曲、あいつまだ結婚もしてなかったのに。（ソロ曲）の「息子」だってそうだしさ」

笹路「いや、だからさ、隠し子いるんじゃないかと思ったもん（笑）。子供を知らないと書けないような曲だと思った」

銀二郎「確か、当時言ってたのは、結婚式で歌えってよく言われるから、そこで歌える曲を書いておこう、というのがきっかけみたいですけど」

笹路「でも、もうガチャガチャにいじり倒したアルバムで、最後はシンプルに終わるっていうのが良かったんじゃないかな、この曲は」

マイケル「この曲、民生と阿部がいれば録れるもんね。〝じゃあやっちゃおうか？〟みたいな感

『服部』のマルチテープ。背に曲名が書いてあるが、「ミルク」は存在していない。

じだったのかもしれないね。さんざんいろんなことやったから、1曲ぐらいそういうシンプルなやつがあってもいいだろう、っていう。でも面白いね、この取材をやって初めて、マルチがないってことがわかったんだもんね（笑）」

――全曲聴き終えて――

銀二郎「聴いて思ったのは……今はユニコーンって、レコーディングに楽器すげえいっぱい持ってくるんですよ。でもこうやって聴いてると、サオ（ギター、ベース）の数も、あんまりなさそうだし、エフェクターも少なそうだし。それで頑張ったんだなっていう感じがしますね。っていうか、これでもできたんじゃねえか！っていう（笑）」

高村「当時も、オーケストラとか、こんなに生楽器をいっぱい入れてるバンドの録音って、珍しかったから。しかも、けっこうアカデミックなことをやっていたりとか。そもそもバンドっぽくないじゃないですか、サウンドが。そういう意味で、とても印象深いアルバムですね」

宮島「僕は、この時は直接は関係ないんですけど、先輩方のこのサウンドを聴いて、改めていろいろ思うことがあって。次の自分の糧にしたいと思います」

マイケル「ええっ？（笑）」

宮島「いや、本当にそう思っています」

深田「僕もオーケストラのところだけだから、そんなには関わってなかったんですけど、今聴き返して……当時は、バンドのミックスってみんなでやってたんですね、メンバーとエンジニアとみんなで一緒に作っていったんですよ。その熱みたいなのが、やっぱり音にあるような気がして。今って、全部ひとりで時間をかけて作って、トラック数も100トラックぐらいになったりするじゃないですか。それと違って、その時にみんなで判断して一緒にやっていく。それがやっぱり、勢いがあっていいのかな、っていう風に思いましたね」

大森「聴いていて思い出したのが、最初は、普通のバンドの録音だと思って始めたんですよ。それで、やってるうちに、〝あ、違うんだ〟っていうのがわかってきて（笑）、トラックダウンをする頃にはラクになっていたという。〝あ、何やってもいいんだな〟っていう感じになってましたね。30年ぶりにこうして聴くと、「デーゲーム」とか、かなりいい感じで。よくできました、っていう感じですね」

笹路「うん、やっぱりこれは、よくできたアルバムだなと思うんですよ。僕も40年以上仕事してるんですけど、いつも『服部』はよくできたなって思うんですよ。その後、自分も成長していないわけではないので、納得できる作品はいくつかあるし、『服部』くらい行ったかな?っていう作品も作ってるはずなんですけど、やっぱり『服部』はよくできたなと、聴いて改めて思いましたね。だから、ユニコーンとして3枚目で、ものすごく音楽的に進化した中で、もう崩壊前夜の作品だと思うんですね。ある意味、ファースト・フィナーレ的な。で、ここから『ケダモノの嵐』に行くわけでしょ?『服部』でここまでやったら、もう一回同じのなんて作るわけがないので。途中で〝もうちょっと普通のロックの曲を増やそうよ〟って、なんで誰も言わなかったのかな、と思うんですけど」

全員「(笑)」

笹路「それを僕が言うべきだったのかもしれないけど、こっちも若かったので。それで、例えばそこらへんの歌謡ロックみたいなものではない、カッコいい音楽をやろうっていう方向性が、こっちだったということなんだと思うんですね。ただ、かなり極端な仕上がりですよね。それぞれの曲のサウンドがカッコいいしね。やっぱりムダなことはないですよ、このアルバム。ムダなのは「デーゲーム」のシタールぐらいで(笑)」

全員「ハハハハ」

笹路「そういう意味でも、ガチャガチャしてるようだけど、軸はものすごくしっかりしてるなと思いますね。あと、やっぱり、素晴らしいバンドだなと思います。実力がすごいな、と」

マイケル「僕と笹路は、以前に一緒にバンドをやってたりして、通常のディレクターとアレンジャーとの関係とは、またちょっと違うんですね。このふたりでプリンセス・プリンセスもやってたし。で、ユニコーンは、すごく僕らが楽しめるバンドだし、自分たちが持っているものを分けてあげられるし、彼らからも刺激をもらって……だから、いわゆるディレクターとかアレンジャーというよりは、メンバーの二人みたいになる流れの中でやれたなあ、一番そういうことができたバンドだなあと思う。僕のような、マーケティング能力よりも自分が楽しいと思うことのほうが先だ、というディレクターと、付き合わされたのは可哀想かもしれないけど、いろんな体験ができたと思うしね。要するに、誰も聴いたことがないものを作りたいなっていう意図が、基本的に僕にはあるし、ユニコーンはそれに乗ってくれた。最終的に今ユニコーンがある形の中にも、そういう影響がきっと残ってるんだろうなあって。今日こうやって、ミックスした状態じゃない音も聴くと、やっぱりものすごく懐かしいです。〝ああ、俺、この頃、ドラムのスネア、こういう音が好きだったんだなあ〟とか。これを作っていた時代のような気分で、これからもやっていこう、と改めて思いました」

第8章 『服部』のレコーディングスタッフ、30年ぶりに集結。マルチを聴いて座談会

239

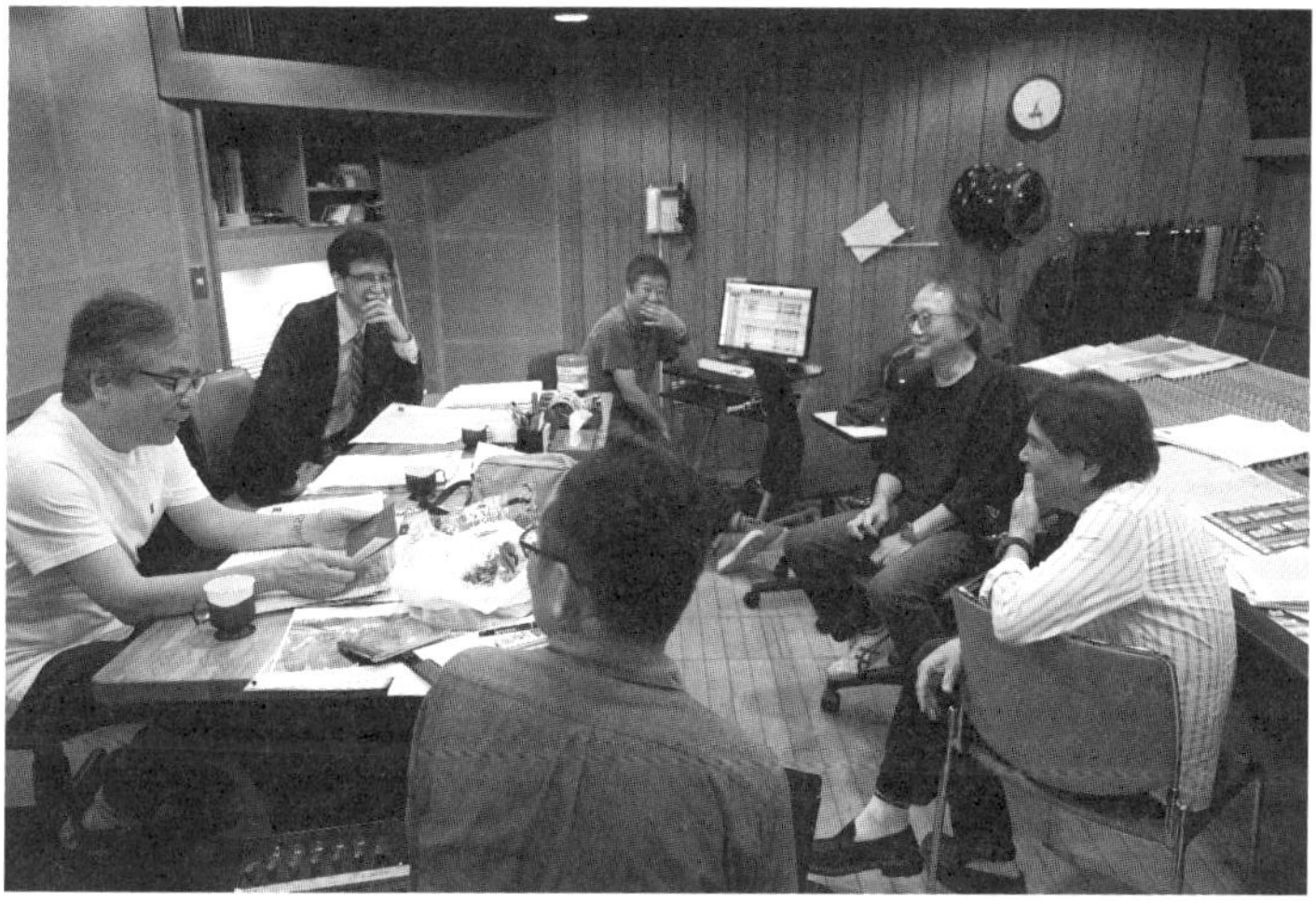

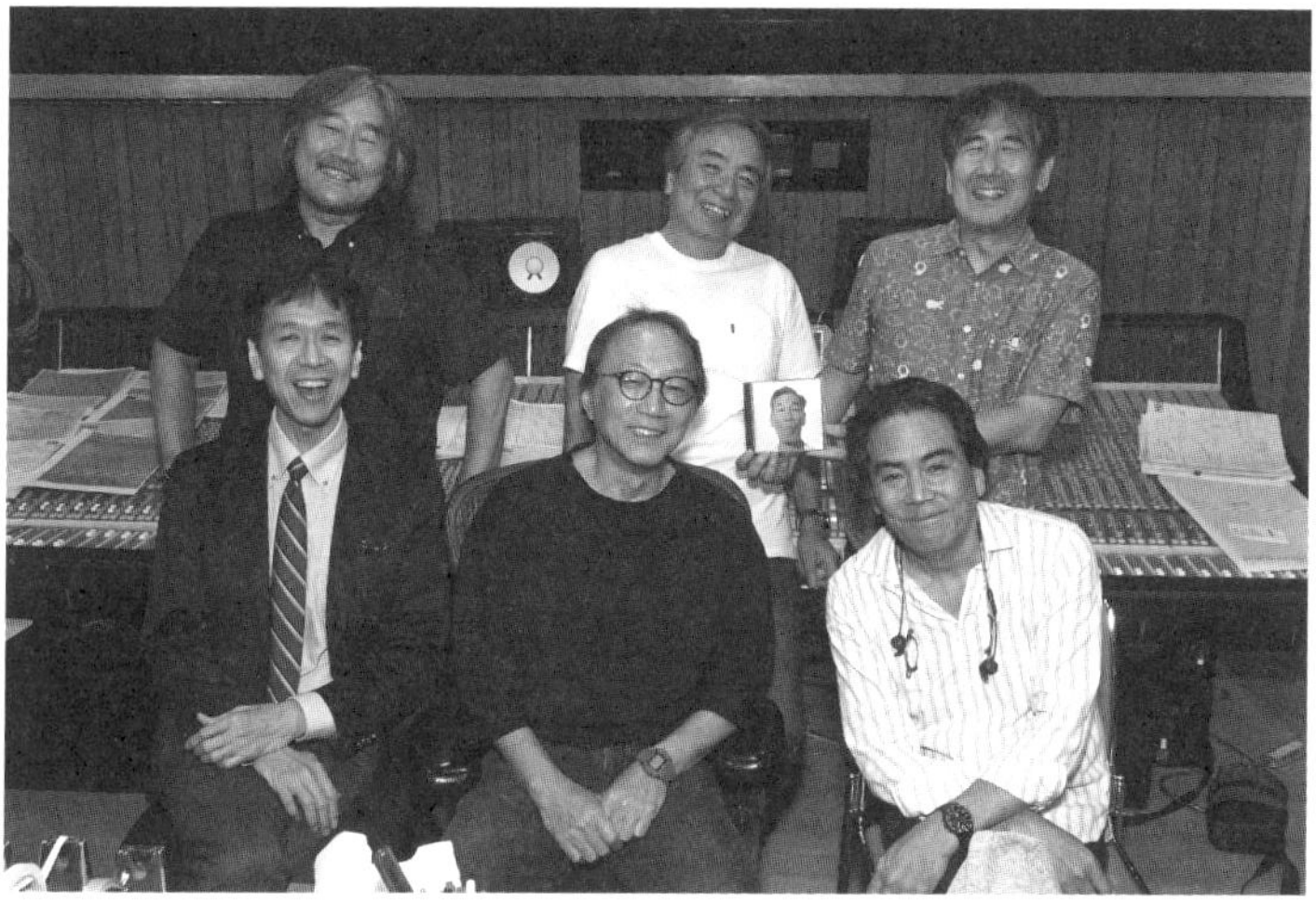

巻末資料　本書で紹介している1988-1990のユニコーン

日付	出来事
1988	
2月	
15日	**北海道ペニーレイン（FM北海道公開録音／向井美音里 ラストライブ）**
24日〜28日	『PANIC ATTACK』レコーディング・リハーサル（河口湖キャメロット）
3月	
1日〜	『PANIC ATTACK』レコーディング開始（スタジオ・スターシップ）
	この最中に川西がモヒカンになる。
12日	CX『オールナイトフジ』出演
14日	NHK『ジャストポップアップ』収録
27日	日清パワーステーション（ワンマンライブ）笹路正徳がキーボードでライブ初参加
4月	
2日	『別冊ミュートマ』（ゲスト／奥田）
10日	新潟・MM CLUB（スタジオ・ライブ）
12日	福岡 都久志会館（イベント）
13日	熊本 郵便貯金会館（イベント）
14日	大分 オーティス（対バン・ライブ）
17日	名古屋ハートランドホール　奥田民生、腰を傷める
18日	**大阪ミューズホール　『MOVIE』ビデオ収録**
19日	広島県民文化ホール
21日	CX「サウンドスコール」出演
23日	仙台CADホール
24日	青森スペース1/3
26日	札幌メッセホール
30日	汐留PIT『HEADS』（イベント）
5月	
2日	名古屋ハートランドホール 追加公演
3日	大阪ミューズホール 追加公演
5日	渋谷公会堂（TVKイベント）
6日〜21日	**『PANIC ATTACK』レコーディング（スタジオ・スターシップ&音響ハウス）**
	このREC中にABEDON加入の話をし、「ツイストで目を覚ませ」で一緒にリコーダーを吹く。
22日〜24日	ABEDONとリハーサル

25日	**名古屋市民会館 東海テレビ『気分はセッション』イベント（ABEDON初参加）**
28日	FM山口「ジョイントアワー」ゲストライブ
29日	日比谷野外音楽堂「ハートビートパレード」（イベント）※雨天のため順延（7/24）
30日	NHK『ジャストポップアップ』出演
6月	
11日	CX『オールナイトフジ 』出演
14日	日本青年館ライブ用SE作成（スタジオ・インパルス）
15日	リハーサル
17日	NBCビデオホール 長崎放送『サウンズ・ウイズ・コーク』ゲスト
20日	リハーサル（サウンドファクトリー）
21日	**日本青年館（初ホール・ワンマン。ABEDON加入の発表）**
22日～23日	リハーサル（サウンドファクトリー）
24日	TBSホール TBS系『赤坂ライブ』出演
26日～28日	リハーサル（サウンドファクトリー）
30日	岡山市民文化ホール（『DAYS』スペシャルライブ）
7月	
1日	リハーサル（つづきスタジオ）
2日	奥田：静岡キャンペーン
3日	テレビ静岡（『DAYS』スペシャルライブ） 手島、奥田が客席にダイブする。
4日	**日本青年館ワンマン（追加公演） 2部制で、1部は観客もメンバーも座った状態で『PANIC ATTACK』を曲順通りに演奏。2部は通常のライブ。**
5日	『B・PASS』、『PATi PATi』取材
6日	宮崎ガーデニアホール（『DAYS』スペシャルライブ）
7日	鹿児島キャンペーン
8日	FM福岡収録
9日	秋田フォーラス・モーニングムーン（『DAYS』スペシャルライブ）
10日	盛岡ビデオコンサート
11日	旭川FM取材
12日	旭川 西部スタジオ9（『DAYS』スペシャルライブ）
14日	石川・金沢教育会館（『DAYS』スペシャルライブ）
15日	みうりランドEASTリハーサル 『Duet』取材
16日	よみうりランドEAST（PATi PATi イベント）

18日	『アリーナ37℃』、『ロッキング・オン・ジャパン』取材、奥田:『SFロックステーション』収録
20日	京都ビブレホール(『DAYS』スペシャルライブ)
21日	**2ndアルバム「PANIC ATTACK」発売**
22日	FM大阪イベント(OMCスタジオ)
23日	名古屋芸創センター
24日	日比谷野外音楽堂「ハートビートパレード」イベント振替公演
26日	『PATi PATi Rock』取材
27日	奥田:大阪キャンペーン
28日	神戸フィッシュダンスホール
29日	NHK『ニューサウンズスペシャル』収録
30日	イベントリハーサル
31日	福岡・海の中道公演「ROCK CIRCUIT」(イベント)
8月	
1日	FM福岡〜マツモトレコードキャンペーン
3日	奥田:『SFロックステーション』収録
4日	リハーサル　『B・PASS』取材
5日	中野サンプラザ　LF『TEENS MUSIC FESTIVAL』(ゲスト)
6日	リハーサル
7日	名古屋城　深井丸公園『NEW KIDS ON THE ROCKS』(イベント)
9日	『プラム』、『ベストヒット』取材
10日	奥田:『SFロックステーション』収録
11日	『PATi PATi』、『アリーナ37℃』取材
13日	広島県民文化センター
15日	LF『オールナイト&ファンファン』ライブスタジオ
17日	奥田:『SFロックステーション』収録
20日	CX系『オールナイトフジ』出演。トーク部分でABEDONを紹介する。『別冊ミュートマ』出演
21日	『新潟音楽祭』ゲストライブ
23日	『GB』、『PATi PATi ROCK』取材
24日	奥田:『SFロックステーション』収録
25日	『B・PASS』取材
26日	リハーサル
28日	大阪御堂会館 ラジオ大阪『MUSIC-ING』

30日	『PATi PATi』、『アリーナ37℃』取材
31日	奥田：『SFロックステーション』収録
9月	
17日～18日	リハーサル
19日	『GB』、『B・PASS』取材
20日	リハーサル
21日	奥田：『SFロックステーション』収録
23日	福岡郵便貯金会館『福岡ライブ選手権』(ゲスト)
24日	奥田：広島FM収録
26日	『PATi PATi ROCK'N ROLL』取材
29日～30日	ツアー用リハーサル (サウンドファクトリー)
10月	
1日～4日	ツアー用リハーサル (サウンドファクトリー)
5日	奥田：『SFロックステーション』収録
6日	ツアー用リハーサル (サウンドファクトリー)
7日	川崎クラブチッタ　TVK『LIVE TOMATO』
8日～9日	ツアー用リハーサル (サウンドファクトリー)
10日	NHK『ジャストポップアップ』収録
11日	ツアー用リハーサル (つづきスタジオ)
12日	奥田：『SFロックステーション』収録
13日	ツアー用リハーサル (つづきスタジオ)
14日	渋谷公会堂 (「PANIC ATTACK」ツアー)
17日	奥田：広島FM収録
18日	奥田：FM北海道収録
19日	奥田：『SFロックステーション』収録
20日	大阪厚生年金会館 中ホール (「PANIC ATTACK」ツアー)
21日	東海TV『気分はセッション』収録
23日～25日	リハーサル (サウンドファクトリー)　川西取材 (25日)
29日	工学院大学八王子校舎 (学園祭)
30日	愛媛県県民文化会館サブホール (「PANIC ATTACK」ツアー)
11月	
1日	岡山市民会館 (「PANIC ATTACK」ツアー)

2日	広島郵便貯金会館（「PANIC ATTACK」ツアー）
3日	神戸文化ホール（「PANIC ATTACK」ツアー）
4日	早稲田大学（学園祭）
5日	『PATi PATi』、『アリーナ37℃』取材
6日	東横女子短期大学（学園祭）
7日	奥田：広島FM収録
8日	奥田：『SFロックステーション』収録
9日	京都会館第2ホール（「PANIC ATTACK」ツアー）
10日	『GB』取材
12日	熊本郵便貯金会館（「PANIC ATTACK」ツアー）
13日	大分農業会館（「PANIC ATTACK」ツアー）
15日	鹿児島市民ホール（「PANIC ATTACK」ツアー）
16日	福岡都久志会館（「PANIC ATTACK」ツアー）
17日	長崎平和会館（「PANIC ATTACK」ツアー）
18日	『PATi PATi ROCK'N ROLL』取材
19日	中京TV『5時サタマガジン』収録
20日	神戸国際会館（「PANIC ATTACK」ツアー）
21日	横浜教育会館（「PANIC ATTACK」ツアー）
22日	奥田：広島FM収録、『SFロックステーション』収録
25日	愛知勤労会館（「PANIC ATTACK」ツアー）
27日	札幌道新ホール（「PANIC ATTACK」ツアー）
28日	旭川市民文化小ホール（「PANIC ATTACK」ツアー）
30日	川西：広島FM新、奥田：『SFロックステーション』収録
12月	
1日	『PATi PATi』、「ベストHIT』取材
2日	『B・PASS』、『アリーナ37℃』取材
3日	CX『オールナイトフジ」収録
5日	『プラム」取材、ABEDON：『キーボードランド」取材
6日	奥田：広島FM収録
10日	**「I'M A LOSER」MV撮影**
12日	NHK『ジャストポップアップ X'mas特番」収録
15日	石川教育会館（「PANIC ATTACK」ツアー）

16日	新潟音楽文化会館（「PANIC ATTACK」ツアー）
17日	長野東急シェルシェホール（「PANIC ATTACK」ツアー）
18日	日本青年館（CBSソニーオーディション　ゲスト）
20日	岩手県民会館　中ホール（「PANIC ATTACK」ツアー）
21日	青森市民文化ホール（「PANIC ATTACK」ツアー）
23日	宮城・仙台市民会館（「PANIC ATTACK」ツアー）
24日	秋田児童会館（「PANIC ATTACK」ツアー）
27日	川西：広島FM収録
28日	奥田：『SFロックステーション』収録、CSA忘年会
29日〜30日	リハーサル
31日	新宿コマ劇場（TVK『PATi PATi TOMATO』イベント）
1989	
1月	
10日〜11日	渋谷公会堂（「PANIC ATTACK」ツアー追加公演）
12日〜18日	曲書き期間
19日	大阪厚生年金会館大ホール（「PANIC ATTACK」ツアー追加公演／ファイナル）
21日〜31日	曲書き期間
	人事異動で原田公一がマネージャーとなる。（31日）
2月	
1日	**1stビデオ『MOVIE』発売**
4日〜5日	リハーサル（マックスタジオ）アルバム用プリプロ
	原田、恋人と別れ、メガネをピンクに変える。メンバーに武道館までのロードマップを話す。
6日〜11日	**合宿リハーサル（八ヶ岳・スタジオピープル）**　『GB』、『ベストHIT』、『B-PASS』取材
12日	『PATi PATi』用作文書き
13日	『PATi PATi』取材（思い出の東京湾入水撮影）
14日	『B・PASS』取材（J(S)Wと合同写真を撮る）
15日	奥田&ABEDON：『SFロックステーション』収録
16日	**「ペケペケ」MV撮り（湯河原松坂屋旅館）**
17日	EBI：『オンステージ』取材
19日	『プラム』取材
20日〜24日	**『服部』レコーディング（観音崎マリンスタジオ）ベーシック・トラック録音**
	宿泊は2名1室、ABEDON&民生、EBI&川西、手島&鈴木銀二郎、マイケル&原田。

	ツアーパンフ撮影（21日）、『GB』取材（23日）
25日	ツアーパンフ撮影（代官山スタジオ）
26日～28日	『服部』レコーディング（観音崎マリンスタジオ）　川西：広島FM収録（28日）

3月

1日	奥田&ABEDON：『SFロックステーション』収録
2日～4日	『服部』レコーディング（音響ハウス）　※この辺のどこかで太平スタジオでオーケストラ録音
	『PATi PATi』取材（3日）
5日～8日	『服部』レコーディング（スタジオ・テイク・ワン）
	『PeeWee』取材（6日）、奥田：『anan』取材（8日）
9日	奥田：FM北海道『Rock kids』収録
10日～14日	『服部』レコーディング（サウンドアトリエ）、『ベストHIT』取材（14日）
15日	奥田&ABEDON：『SFロックステーション』収録
16日～19日	『服部』レコーディング（サウンドアトリエ）
	『アリーナ37℃』取材（17日）、『服部』ジャケット撮影（スタジオエビス／18日）
20日	川西：広島FM収録、奥田、ABEDON、EBI、手島：FM北海道『Rock kids』収録
21日～25日	『服部』レコーディング（サウンドアトリエ）
26日	奥田&ABEDON：『SFロックステーション』収録
27日	『服部』レコーディング（サウンドアトリエ）
28日	**「大迷惑」MV撮影（戸田市文化会館）**、『ビデオジャム』収録

4月

1日	TVK『ミュートマJAPAN』出演、『PATi PATi ROCK'N ROLL』取材
2日	東海テレビ『気分はセッション』収録、『SFロックステーション』野球大会 vs HEARTS@名古屋
4日	『近代映画』、『R&R NEWSMAKER』 取材
5日	『オリーブ』、『プラム』取材
6日	『PATi PATi』、『CDデータ』取材
7日	『ロッキング・オン・ジャパン』取材
9日～16日	ツアー・リハーサル（サウンドファクトリー2）
17日	NHK『ジャストポップアップ』収録
18日～19日	ツアー・リハーサル（サウンドファクトリー2）
20日～21日	ツアー・ゲネプロ（戸田市文化会館）FC会員を招待、本番通りのライブを行なう。
24日	新潟市民会館（「服部」ツアー）
26日	富山県民会館（「服部」ツアー）

29日	日比谷野外音楽堂（「服部」ツアー）ライブをVTR収録
	1stシングル「大迷惑」発売
30日	『ベストヒッツ』取材
5月	
1日	山口・徳山市文化会館（「服部」ツアー）
2日	広島郵便貯金ホール（「服部」ツアー）
3日	愛媛県県民文化会館（「服部」ツアー）
5日	岡山・倉敷市民会館（「服部」ツアー）
6日	島根県民会館（「服部」ツアー）
8日	大阪厚生年金会館（「服部」ツアー）
9日	大阪キャンペーン
10日	神奈川県民ホール（「服部」ツアー）
11日	栃木会館 大ホール（「服部」ツアー）
13日	東京・汐留PIT（「服部」ツアー）
16日	京都会館（「服部」ツアー）
17日	神戸国際会館（「服部」ツアー）
19日	埼玉・大宮市民会館（「服部」ツアー）
20日	CX『オールナイトフジ』出演
21日	川西：広島FM収録
23日	大阪厚生年金会館（「服部」ツアー）
24日	岐阜市民会館（「服部」ツアー）
25日	三重・四日市市文化会館（「服部」ツアー）
	TBS『ザ・ベストテン』中継で出演
26日	東海テレビ『気分はセッション』収録
27日	中京テレビ『5時サタマガジン』収録
29日	福井市文化会館（「服部」ツアー）
30日	石川・金沢市文化ホール（「服部」ツアー）
31日	長野県県民文化会館（「服部」ツアー）
6月	
1日	**3rdアルバム『服部』発売**
2日	北海道・札幌市民会館（「服部」ツアー）
3日	北海道・旭川市公会堂（「服部」ツアー）

6日	福岡市民会館（「服部」ツアー）
7日	熊本郵便貯金会館（「服部」ツアー）
8日	鹿児島市民文化ホール 第二（「服部」ツアー）
10日	長崎市平和会館（「服部」ツアー）
11日	大分農業会館（「服部」ツアー）
13日	**広島で大掛かりなアルバム・キャンペーン&シークレットライブ**
14日	静岡・浜松市教育文化会館 はまホール 大ホール（「服部」ツアー）
15日	静岡市民文化会館（「服部」ツアー）
16日	川崎クラブチッタ　TVK『LIVE TOMATO』（ゲスト）
18日	日比谷野外音楽堂　LF『オールナイトニッポンぶっ通しライブ・スペシャル』出演
19日	千葉市民会館（「服部」ツアー）
20日	愛知・名古屋市公会堂（「服部」ツアー）
24日	青森市文化会館（「服部」ツアー）
25日	秋田県児童会館（「服部」ツアー）
27日	宮城県民会館（「服部」ツアー）
28日	福島・郡山市民文化センター（「服部」ツアー）
29日	山形市民会館（「服部」ツアー）
7月	
1日	奥田&ABEDON：『SFロックステーション』収録
2日	川西：広島FM収録
3日	徳島市立文化センター（「服部」ツアー）
4日	香川・高松市民会館（「服部」ツアー）
5日	高知・高新RKCホール（「服部」ツアー）
7日～8日	リハーサル（日本武道館用）
9日	日本武道館仕込み
10日	**日本武道館（「服部」ツアーファイナル）** シークレットゲストでJ（S）W寺岡呼人が参加。
	“服部”姓の人を無料招待。曲順はそれまでのセットリストを逆から演奏することに。
13日	リハーサル
14日	福岡国際センター「追山ロックナイト」（イベント）
15日	福岡・小倉IN&OUT（「ハムー」ツアー）
16日	山口・徳山ブギハウス（「ハムー」ツアー）
18日	兵庫・姫路フォーラス（「ハムー」ツアー）

19日	大阪・枚方ブロウダウン（「ハムー」ツアー）
22日	リハーサル
23日	真駒内オープンスタジアム「北海道ロックサーキット'89」（イベント）
24日	群馬・前橋ラタン（「ハムー」ツアー）
25日	CX「ぶっとうしライブ」収録
26日	**CX『夜のヒットスタジオ』出演（中村福太郎氏と共演）**
29日	リハーサル
30日	新潟・越後湯沢中央公園野球場『POP ROCKET'S 89』（イベント）
8月	
1日	横浜アリーナ『'89スーパージャム YOKOHAMA』（イベント）
8日	新潟・佐渡ヶ島『PATi PATi ／世の中UNICORN大解散イベント』
10日	山形・酒田市港北特設会場『BIG CONCERT あつきHIBI』（イベント）『B・PASS』取材
12日～13日	大阪・安治川JR跡地特設会場『TRICKIES ライブ13連発』（イベント）
	ユニコーンが出演。（12日）、EBI & 川西がユニオンロッカーズに出演。（13日）
14日	岩手県民会館『盛岡ロックシティ・カーニバル』（イベント）
16日	リハーサル（青森）
17日	青森文化会館『青森ロックシティ・カーニバル』（イベント）
18日	秋田市文化会館『秋田ロックシティ・カーニバル』（イベント）
19日	CX『オールナイトフジ』出演
25日	大阪国際交流センター（イベント）　モダーンズ（奥田 with SPARKS GO GO）
9月	
1日	**2ndシングル「デーゲーム」坂上二郎とユニコーン　発売**
2日	新潟県民会館　奥田：モダーンズで出演
18日	**NTV『歌のトップテン』坂上二郎さん出演**
30日	日比谷野外音楽堂　奥田：モダーンズで出演
10月	
9日	NHK『ジャストポップアップ』出演
19日	TVK『GAGA』（奥田ゲスト）
22日～23日	埼玉・戸田市文化会館（「PANIC 服部 BOOM」ツアー・ゲネプロ）
24日	埼玉・戸田市文化会館（「PANIC 服部 BOOM」ツアー）
28日	熊本電波工業高等専門学校（学園祭）
29日	福岡東和大学（学園際）

11月	
1日	**2ndビデオ『MOVIE II』発売**
	大阪城ホール『UNICORN VS J(S)W』(イベント)、東海テレビ『5時サタマガジン』収録
3日	愛媛県県民文化会館(「PANIC 服部 BOOM」ツアー)
5日	山口・徳山市文化会館(「PANIC 服部 BOOM」ツアー)
6日	岡山・倉敷市民会館(「PANIC 服部 BOOM」ツアー)
7日	広島郵便貯金会館(「PANIC 服部 BOOM」ツアー)
11日	茨城・土浦短期大学(学園際)
16日〜18日	渋谷クラブクアトロ(「PANIC 服部 BOOM」ツアー)
20日	NHK『ジャストポップアップ X'masスペシャル』収録
23日	NHK-FM収録
24日	栃木・宇都宮市文化会館(「PANIC 服部 BOOM」ツアー)
25日	CX『夢で逢えたら』収録、『オールナイトフジ』出演
26日	川西:広島FM収録
30日	秋田県民会館(「PANIC 服部 BOOM」ツアー)
12月	
1日	青森市文化会館(「PANIC 服部 BOOM」ツアー)
3日	MZA有明(イベント)
4日	北海道・旭川市公会堂(「PANIC 服部 BOOM」ツアー)
5日	北海道厚生年金会館(「PANIC 服部 BOOM」ツアー)
6日	川西:広島FM収録
7日	日清パワーステーション『B・PASS シークレット・ギグ』(イベント)
8日	『GB』取材
9日	長野市民会館(「PANIC 服部 BOOM」ツアー)
10日	東京ドーム『電脳遊園地』(イベント)
11日	富山県民会館(「PANIC 服部 BOOM」ツアー)
12日	石川・金沢市文化ホール(「PANIC 服部 BOOM」ツアー)
13日	日清パワーステーション『UNION ROCKERS』(イベント/EBIのみ)
14日	千葉県文化会館(「PANIC 服部 BOOM」ツアー)
15日	CX『夜のヒットスタジオ R&N』、『B・PASS』取材、QRラジオ収録
17日	京都会館(「PANIC 服部 BOOM」ツアー)
18日	兵庫・神戸国際会館(「PANIC 服部 BOOM」ツアー)
20日	福岡・小倉市民会館(「PANIC 服部 BOOM」ツアー)

21日	大分文化会館（「PANIC 服部 BOOM」ツアー）
22日	鹿児島県民文化センター（「PANIC 服部 BOOM」ツアー）
24日	福岡・久留米市民会館（「PANIC 服部 BOOM」ツアー）
25日	愛知・名古屋市公会堂（「PANIC 服部 BOOM」ツアー）
27日	新潟市産業振興センター（「PANIC 服部 BOOM」ツアー）
31日	新宿コマ劇場『PATi PATi LIVE TOMATO』（イベント）
1990	
1月	
5日	神奈川県民ホール（「PANIC 服部 BOOM」ツアー）
8日	福岡サンパレス（「PANIC 服部 BOOM」ツアー）
9日	熊本市民会館（「PANIC 服部 BOOM」ツアー）
11日～12日	長崎市平和会館 ホール（「PANIC 服部 BOOM」ツアー）
16日～18日	新宿厚生年金会館（「PANIC 服部 BOOM」ツアー） 坂上二郎さんがゲスト出演（17日）
20日～21日	愛知・名古屋市公会堂（「PANIC 服部 BOOM」ツアー）
22日	群馬・前橋市民文化会館（「PANIC 服部 BOOM」ツアー）
24日	八王子市民会館（「PANIC 服部 BOOM」ツアー）
26日～27日	大阪厚生年金会館（「PANIC 服部 BOOM」ツアー）
29日	宮城県民会館（「PANIC 服部 BOOM」ツアー）
2月	
2日	高知県立県民文化ホール（「PANIC 服部 BOOM」ツアー）※2/1予定が雪で翌日振り替え。
3日	鳥取市民会館（「PANIC 服部 BOOM」ツアー）
4日	島根県民会館（「PANIC 服部 BOOM」ツアー）
6日	広島郵便貯金ホール（「PANIC 服部 BOOM」ツアー）
7日	広島・福山市市民会館（「PANIC 服部 BOOM」ツアー）
8日	山口・下関市民会館（「PANIC 服部 BOOM」ツアー）
10日	岡山市民会館（「PANIC 服部 BOOM」ツアー）
12日	福井市文化会館（「PANIC 服部 BOOM」ツアー）
16日～17日	日本武道館（「PANIC 服部 BOOM」ツアー）
19日	北海道厚生年金会館（「PANIC 服部 BOOM」ツアー）
22日	日本武道館（「PANIC 服部 BOOM」ツアー）
28日	埼玉・大宮ソニックシティ（「PANIC 服部 BOOM」ツアー）
3月	
3日	山形県県民会館（「PANIC 服部 BOOM」ツアーファイナル）

注：この資料は、当時のマネージャーが所有していたスケジュール予定を元に作成しています。
実際の日付、場所と異なる部分が生じている可能性もございますので、ご了承ください。

エピローグ

大前提として、『服部』のようなアルバムは、本人たちの能力的に作れる作れないという以前に、普通、まず作らせてもらえない。

まず、奥田民生のような、作詞力・作曲力・歌唱力のすべてを超ハイレベルで持ち合わせている上に、ルックスやキャラクターも含めてフロントマンとしての魅力の塊みたいなボーカリストがいたら、〝ほかのメンバーにも詞曲を書かせよう〟、〝ほかのメンバーにも歌わせよう〟という発想自体が出てこない。もし出てきたとしても、アルバムの中の1〜2曲以上になることはない。それ以上は、本人たちがやりたいと言っても、周囲が止める。

あのジャケットも然りだし、〝メンバーじゃない誰かが歌う〟も然りだし、その他の要素もすべて然りだ。普通誰かが止める。もしくは、最終的な決定権を持つ誰かのところで却下される。

という人が、奇跡的に、誰もいなかった。本人たちはもちろん、ディレクターもプロデューサーもマネージャーもその他のスタッフも、基本的に〝(いい意味で)どうかしてる〟人が揃っていた。誰が、どれが欠けても成立し得なかった、あらゆる条件やタイミングがすべて合致しないと実現しなかった、奇跡的な偶然。『服部』はそういうアルバムであることを、ひとりひとり話を訊いていくたびに実感していく、それが本書の取材だったと言える。

本書を読めば明らかなように、最初に『服部』のようなアルバムを作りたかったのも、『服部』のようなアルバムを作ることのできるバンドにしたかったのも、基本的には奥田民生だ。

しかし、その奥田民生の意志を、妨げたり軌道修正したりするどころか、どんどん火に油を注いでいくスタッフ陣が揃っていた。で、そういうバンドになること、そういうアルバムを作ることを(個人的にそうなりたいか、作りたいかは別としても)、実現できてしまうメンバーが揃っていた。それが『服部』の奇跡だったのだ。

〝ユニコーンに影響を受けた〟、〝『服部』が大好きである〟と公言する後続のバンドはいくつもいる。が、聴いて〝あ、ユニコーン好きなんだな〟とわかるようなフォロワーは、『服部』から30年経つのにひとつも出てこない（ソロ奥田民生の影響を受けているのがわかるフォロワーはいても）。よくわかる。真似しようがないのだと思う、あらゆる意味で。本人たちですら、もう二度とあんなアルバムは作らないだろうし、もし作ろうとしてもできないだろう。

改めて、『服部』というアルバムが、30年前に作られて世に放たれたという素晴らしい偶然に感謝したい。

最後に、「30年も前の作品についてしゃべってください」というオファーを快諾してくださり、時間を作ってくださり、記憶を呼び起こしてくださったり、当時の資料を掘り起こしてくださったりした、本書の登場人物の皆様に、お礼を申し上げます。

特に、当時の現場マネージャーで現在はＳＭＡ企画開発部の鈴木銀二郎氏には、当時の各スタッフとの連携、当時のスケジュールや資料、音源の発掘など、外部編集スタッフと言っていいほど尽力していただきました。銀二郎氏がいないと作れなかった本です。

そして、現在のユニコーンのマネージャーである毛利嘉一郎氏と有村勝志氏にも、ツアー『百が如く』や『ＵＣ１００Ｗ』レコーディング等でご多忙の中、メンバーのスケジュールや原稿確認などで、多大なご協力いただきました。

本当に、ありがとうございました。

２０１９年10月　兵庫慎司

ユニコーン『服部』ザ・インサイド・ストーリー

取材・文　兵庫慎司

2019年11月21日　第1版1刷 発行
定価（本体1,800円＋税）
ISBN978-4-8456-3435-4

●カバー
モデル：中村福太郎
撮影：若月 勤

●デザイン／レイアウト
山田達也（d-tribe）

●撮影
吉田穂積（第8章）

●印刷／製本
中央精版印刷株式会社

●協力／写真提供
株式会社ソニー・ミュージックアーティスツ
株式会社ソニー・ミュージックレーベルズ
株式会社ソニー・ミュージックダイレクト
●脚注引用参考文献
『最新音楽用語事典』（リットーミュージック）

発行所：株式会社リットーミュージック
〒101-0051　東京都千代田区神田神保町一丁目105番地
ホームページ　https://www.rittor-music.co.jp/

発行人：松本大輔
編集人：伯田 敦
編集：藤井 徹（コンテンツ企画編集部）

【乱丁・落丁などのお問い合わせ】
TEL：03-6837-5017　FAX：03-6837-5023
service@rittor-music.co.jp
受付時間：10:00〜12:00、13:00〜17:30
（土日、祝祭日、年末年始の休業日を除く）

【書店様・販売会社様からのご注文受付】
リットーミュージック受注センター
TEL：048-424-2293　FAX：048-424-2299

【本書の内容に関するお問い合わせ先】
info@rittor-music.co.jp

JASRAC出　1912226-901

本書の内容に関するご質問は、Eメールのみでお受けしています。お送りいただくメールの件名に『ユニコーン『服部』ザ・インサイド・ストーリー』と記載してお送りください。ご質問の内容によりましては、しばらく時間をいただくことがございます。なお、電話やFAX、郵便でのご質問、本書記載内容の範囲を超えるご質問につきましてはお答えできませんので、あらかじめご了承ください。